MIGUEL ÁNGEL LOZANO GONZÁLEZ

El Secreto del Emprendedor Exitoso

Es momento de que conozcas la verdad del Emprendedor Exitoso

(Las leyes Universales)

Aviso del autor

Las personas no compran lo que haces (Producto o Servicio), esas personas compran el ¿Por qué lo haces? Y ellas están dispuestas a pagar para comprobar lo que Tú crees, porque lo que tú crees sí funciona.

Para comenzar este viaje de los orígenes mentales que nos llevarán a conseguir el éxito en cualquier emprendimiento que desarrollemos, debo, Yo, el autor de este libro, indicar que las palabras clave: **AMOR, FELICIDAD, GRATITUD, VIBRACIÓN,** las encontraremos constantemente como medio de cambio de pensamiento.

Si eres de los que están pensando que estas palabras clave no son más que una de tantas filosofías de vida que no funcionan ¡No lo pienses más! Acude a la caja donde pagaste este ejemplar y te devolverán tu dinero inmediatamente, yo me encargaré de los gastos ocasionados por tu decisión de devolver esta mina de oro.

Gracias.

(En esta obra encontraras, si pones atención, una herramienta básica que todo empresario de super éxito aplica. Si no la encuentras, se te explicará al final)

¡FELICIDADES!

Has decidido realmente ser un ejemplo a seguir por los éxitos que muy pronto comenzarás a cosechar. **Gracias, Gracias, Gracias**.

Quiero que sepas que miles de personas en el mundo han decidido retomar las enseñanzas de los grandes maestros espirituales y filósofos como son Jesús de Nazaret y Buda los más conocidos en el mundo, Machael Berdard, Wayne Dyer, Dalai Lama, Neale Donald Walsch, Mariane Williamson maestros espirituales contemporáneos, y una infinidad de filósofos de la época griega y romana.

Todos los que hemos decidido retomar sus enseñanzas nos dimos cuenta que en verdad si funciona para los fines que deseamos, y el fin de este libro, es que apliques estas enseñanzas antes de comenzar un emprendimiento o, si ya eres emprendedor, comiences aplicando estas ideas para hacer crecer tu empresa como la espuma, pero además puedes trasladarlo al Dinero, Amor y Felicidad, que es la triada llamada ABUNDANCIA.

INTRODUCCIÓN

Ser emprendedor se ha convertido en una moda a nivel mundial, pero sabemos, ya desde varios miles de años que el hombre tuvo excedentes productivos e ideas que pudieran mejorar el bienestar del individuo este ejercicio mercantil se le llamó comercio, negocio, empresa, entre muchos nombres más, y actualmente Se le dio el nombre rimbombante de "*Emprendimiento*"

Comúnmente se observa a muchas personas intentando conseguir un excedente monetario que les permita satisfacer sus necesidades más básicas y en algún momento la libertad financiera a partir de un producto o servicio el cual ofrecerá o está ofreciendo para satisfacer la demanda observada y de esta manera acumular riqueza económica.

Pero ¿Qué hay detrás de ese 3% de personas que decidieron emprender y lograron el éxito? La pregunta es un tanto frustrante cuando queremos comprender este éxito a partir de nuestras **creencias, habilidades y conocimientos** actuales, si bien son importantes para lograr arrancar ese emprendimiento, también se convierten en un lastre de **desesperación, frustración y enojo** cuando no podemos conseguir que nuestra nueva empresa nos brinde ese sueño que tanto hemos deseado.

Para comenzar a entender ¿Qué es eso que hacen diferente esos emprendedores de éxito? Tenemos que comprender primero como funcionan el Universo y sus Vibraciones.

La comprensión del funcionamiento de las Leyes Universales es simplemente lo que te hace falta para que seas uno de ese 4% de emprendedores de éxito.

Tenemos que enfatizar que el emprendimiento no solo es vender un producto o servicio, sino que también es vender el pensamiento o idea que surgen cuando estamos en un estado de creatividad, así mismo podemos añadir que, el Amor, Felicidad y Gratitud es la clave fundamental en este ecosistema de emprendimiento.

¿Has sabido vender el amor que sientes por una chica o chico?

¿Has sabido vender el amor que sientes por ese producto o servicio que ofreces?

¿Sabes qué es lo que el cliente está buscando antes de comprar?

¿Sabes que es lo que el cliente necesita antes de comprar?

Estas simpes 4 preguntas son las que nos bastarán para explicar el camino que esos grandes emprendedores de éxito tuvieron que comprender antes de entusiasmarse a desarrollar sus empresas.

El viaje que comenzaremos, es el viaje que todos los exitosos han tenido que descubrir en el transcurso de sus vidas, algunos a muy temprana edad y otros en su mayor edad.

Nunca es tarde para comenzar a descubrir los secretos del éxito, si bien estos secretos son conocidos y comentados insaciablemente por infinidad de autores y personajes históricos, también quiero que comprendas la maravilla de su funcionalidad y esto te lo digo porque, a partir de que yo tome la decisión de estudiarlos y aplicarlos, mis emprendimientos comenzaron a tener los resultados que tanto había deseado.

Y es por eso que he escrito estas líneas pensando en ti, porque yo pase años tratando de entender el porqué la empresa que se encontraba frente a la mía, crecía como la espuma y la mía continuaba en decadencia.

Y quiero decirte que las dos empresas se encontraban en la misma avenida, con las mismas condiciones, con los mismos productos, con las mismas marcas, con los mismos proveedores, con el mismo gobierno, con el mismo sistema económico, con los mismos consumidores, con los mismos servicios, y la única diferencia era, el personal y el dueño. Y si el personal y dueño era lo único diferente, entonces tome una pequeña decisión y esa decisión marco por completo el desarrollo de mi potencial para los negocios. Ahora podemos deducir que el éxito del emprendimiento comienza desde ¿Cuál es la forma en que piensa el **Emprendedor** exitoso?

LA DIFERENCIA QUE MARCA AL EMPRENDEDOR DE ÉXITO

Cuando comencé con el emprendimiento; ya hace varias décadas, inicié con un pequeño negocio de venta de cuadros con mensajes de amor y de superación. Este pequeño negocio comenzó en una calle muy conocida de la ciudad donde actualmente vivo, recuerdo que a unos pasos de donde yo instalaba cada sábado y domingo mi stand, se encontraba otro mismo con los mismos cuadros que yo vendía.

En aquellos años era muy dado, (como en la actualidad) que si veíamos un local comercial vendiendo una gran cantidad de sus productos, todos queríamos vender lo mismo, porque a nuestro entender era lo que se vendía y pensábamos que si vendíamos lo mismo inmediatamente comenzaríamos a ganar los miles de dólares ¿Te suena esto?

A medida que pasaban las semanas y los meses, nos empezábamos a dar cuenta que no era lo que estábamos esperando de ventas y por lo tanto comenzábamos a hacer una serie de reflexiones al respecto del porqué yo no vendo y el de al lado sigue vendiendo igual que antes.

Tiempo después decidí que lo mejor era dejar de vender esos cuadros y comenzar un nuevo negocio, pero con un pensamiento de: *Ahora sí lo voy a lograr y me veré rico... ¿Te vuelve a sonar esto?*

...De esta manera comencé mi incursión por el emprendimiento del fracaso una y otra vez...

Durante muchos años insistía en que lo mejor que puede hacer uno para obtener la libertad financiera era emprender con un producto de moda y tratar de quitarle el mercado a otros emprendedores que ya estaban posicionados y la manera en que según yo les quitaría a los clientes era con precios más bajos y con ofertas al dos por uno.

Insistía tanto en esta forma de hacer negocios que pasaron no dos ni tres, muchas micro-empresas frustradas sin obtener resultados mientras los otros emprendedores crecían, crecían, crecían ¿Te chilla esto también?

Fue hasta que comencé a hacerme preguntas que pudieran darme respuestas concretas al fracaso constante de mis emprendimientos, y una de las preguntas que me hice es la siguiente ¿Qué hacen ellos?

Inmediatamente pude observar: según yo, que lo que hacían diferente es que ellos tenían muchos conocidos y amigos que les recomendaban sus productos a otras personas, pero además secretamente pensaba que se comunicaban con indicaciones de que no compraran en otras partes porque ellos habían tenido esa idea primero.

El juego de la mente es muy fantasioso ¿verdad?

Así fueron trascurriendo los años, empresa tras empresa sin lograr absolutamente nada, hasta que por fin me **"di"** la oportunidad de conocer a un empresario prominente que me inició en los negocios de éxito, pero la historia no es tan fácil como parece, tuve que aprender a la mala, tuve que dejar todo el repertorio de creencias y programaciones antiguas que estaban truncando toda actividad empresarial deseada.

Como podrás darte cuenta, iniciaremos comprendiendo que son las creencias y programaciones que tenemos en nuestros pensamientos que son realmente los que nos tienen como estamos e insisten en que lo que hacemos nos llevará al éxito en los negocios.

Para comprender las creencias y programaciones entraremos primero por la puerta ancha, y esa puerta es El Pensamiento.

El pensamiento

Simplemente es; Una serie de recuerdos sobre diálogos, lecturas, eventos, personas, circunstancias y cosas que definen un panorama general de lo que está sucediendo a nuestro alrededor desde el punto de vista solo nuestro.

Esto quiere decir que lo que piensas es solo una idea obscura y vana de lo que realmente es la realidad.

Para poder entender mejor esto debemos de comenzar a preguntarnos si lo que estamos pensando es realmente lo que queremos pensar, y te darás cuenta que hay una vocecita en tu cabeza que te dice que eso que estás pensando es verdad, y que no tienes porque cambiarla ya que eso es real.

Déjame decirte que todo lo que está a tu alrededor, todos los logros que has tenido, todo lo que has construido es simplemente debido a la forma en que piensas y sientes.

Para ir viajando y descubriendo como estamos pensando debemos primeramente aceptar que lo que vas a leer en este libro son solo ideas, no más, solo ideas.

Estas ideas de la forma en que piensas, tendrás que aceptarlas o no dependiendo tu grado de creencias y programaciones que están en tu pensamiento subconsciente y consciente.

Lo que vamos a expresar en este momento es el 50% del emprendedor exitoso, y quiero que observes que solo son IDEAS, no tienes que tomarlas como una verdad, solo te voy a pedir que de forma consiente las pongas a discusión con tu vocecita interna para que te des cuenta de lo mucho que te mientes con respecto a lo que crees que son los empresarios exitosos.

Recuerda muy bien, la idea que tienes en el pensamiento la conviertes en verdad o mentira debido a tus creencias respecto a eso, y esa verdad o mentira se convierte en tu realidad y si es tu realidad entonces es lo que vives y si lo estás viviendo, y si no es lo que quieres, entonces es mentira esa creencia que tienes, por lo tanto, debes de cambiarla

Idea número 1.

Todos los ricos, millonarios y multimillonarios son unos pedantes, engreídos, presumidos y déspotas.

Cierto.
Falso.
No todos.

Idea número 2.

El dinero convierte a las personas en malas, presumidas, engreídas, pedantes,

Cierto.
Falso.
No todos.

Idea número 3.

Debo aprender todo lo necesario de ventas y márquetin para poder vender mi producto.

Cierto.
Falso.
No todo.

Idea número 4

La gente no está preparada para entender los grandes beneficios que mi producto o servicio les da.

Cierto.
Falso.
No toda.

Idea número 5

Yo tengo el mejor producto y/o el mejor servicio, y la gente prefiere lo más corriente.

Cierto.
Falso.
No todos.

Idea número 6.

El dinero une a la familia.

Cierto.
Falso.
Dudo.

Idea número 7

El dinero da la felicidad.

Cierto.
Falso.
Dudo.

Idea número 8.

La gente no entiende que estamos destruyendo el planeta y necesitamos cuidarlo.

Cierto.
Falso.
Dudo.

Idea número 9

El método científico demuestra la verdad y por eso no creo en alguien que no es investigador y mucho menos en alguien que no tiene estudios.

Cierto.
Falso.
No todos.

Idea número 10

Para ser feliz, agradecido y tener amor, hay que buscarlo en lo que más le apasiono a uno.

Cierto.
Falso.
Lo dudo.

Idea número 11

Este libro dice lo mismo que otros libros, y no llega al grano.

Cierto.
Falso.
Dudo

Con estas 11 ideas es más que suficiente para demostrarte que el problema no es el entorno donde vives, no sus gobiernos, ni sus personas, ni sus creencias, el problema simplemente eres tú.

Resultados:

11 ciertos = Eres tú el problema.

11 falso = Eres tú el problema.

11 dudo, no todos = Eres tú el problema.

11 combinaciones = Eres tú el problema.

En pocas palabras, si te enfocaste en contestar el cuestionario, entonces tienes un gran problema de creencias que están limitando tu emprendimiento y no te dejan crecer.

El problema se basa en que nos enfocas en lo absurdo de las ideas, en lo cierto de las ideas, en lo falso de las ideas.

Y te puedo asegurar que, si le pones el cuestionario a un amigo o familiar, van a comenzar a debatir si esto es verdad o mentira.

¿A cuántos has escuchado hablar mal de la gente rica y muy rica?

¿A cuántos has escuchado hablar de lo difícil que esta la vida?

¿A cuántos has escuchado hablar de que el dinero no lo es todo?

¿A cuántos has recibido en tu casa, trabajo, o tu lugar de descanso para hablar de lo mal que la están pasando?

¿A cuántos has escuchado hablar que, hay que trabajar como negros para vivir como blancos?

¿Ya te diste cuenta de la gran cantidad de creencias que tienes que no te permiten ser un emprendedor de éxito?

Pues déjame decirte que todo eso que hemos descrito anteriormente no se parece en nada a lo que realmente son los verdaderos ricos y millonarios. Y te puedo asegurar que lo que piensas de ellos y sientes, solo son programaciones que tienes y crean esa mala imagen de ellos.

Y seguramente estarás pensando. ¿Los rateros, narcos y demás que viven en la ilegalidad y son millonarios?

Pues si crees que esa es la salida para tener libertad financiera déjame decirte que es una de las mejores opciones para poder tener mucho dinero sin oportunidad de disfrutarlo.

Durante muchos años me di a la tarea de aprender mucho de los empresarios de éxito y muchas otras personas exitosas y me di cuenta que tienes tres aspectos en su vida que valoran más que su propia existencia: AMOR, FELIDIDAD, Y GRATITUD.

Estos tres aspectos que se decidieron al igual que yo en desarrollar sin restricciones son lo que marcan la diferencia entre el éxito grande, mediocre y nulo.

Esa diferencia tienes que distinguirla para que no te confundas en cuál es el sentido de este libro.

Yo te voy a ayudar a que no seas un simple emprendedor de éxito bajo o medio, sino que llegues a las grandes ligas, que aprendas a jugar con los mejores del partido, pero no solo un partido, sino varios partidos a la vez de diferentes deportes.

Para que se entienda un éxito bajo o medio, es aquel que puede darse unos lujos de vez en cuando, por ejemplo, un par de vacaciones al año, un auto nuevo, una casa mediana, una cuenta en el banco con algunos cientos de miles de dólares, un par de empresas… quizás 3 o 4, una carrera profesional reconocida, un actor de medias tintas, etc.

Cuando vemos a los grandes exitosos empresarios, observamos algo en común, todos ellos viven con el amor de su vida, felices y son completamente agradecidos, algunos de ellos, no lo eran, pero al final de sus días, comenzaron a serlo y es cuando comenzamos a saber de ellos.

Te preguntaras, ¡Si, está todo muy bonito! Pero! ¿Cómo lo hago?

A continuación te voy a regalar el secreto del éxito y si realmente lo deseas, tu límite se encontrará en el infinito.

GENERANDO PENSAMIENTOS CORRECTOS

Para poder generar resultados correctos en nuestro emprendimiento entendamos que; La información correcta es aquella que ha sido probada infinidad de veces y que su resultado ha sido siempre los esperados.

La información correcta es toda aquella que nos hace llegar al destino que hemos visualizado, si esta información es la incorrecta queda claro que el destino visualizado no va a llegar nunca, así, es por el que muchas personas creen pensar correctamente y cuando llegan al destino no es ni en lo posible lo que estaban esperando, o simplemente nunca materializan lo que desean.

Toda esta información correcta o incorrecta está determinada por la forma en que se está pensando y sintiendo, a estos pensamientos y sentimientos le llamamos positivos o negativos.

Cuando pensamos correctamente es porque estamos en un sentimiento positivo, pero, cuando pensamos incorrectamente es porque estamos en un sentimiento negativo. Estas dos formas de sentir determinan prácticamente la forma en que se piensa y actúa,

El pensamiento correcto o positivo es aquel que es generado por una serie factores de información que por sí solos han sido probados por la naturaleza o que han sido comprobados por el ser humano.

Esto nos lleva a deducir que generar pensamientos positivos para emprender un negocio, se requiere de información correcta y de un pensamiento abierto. Con esto queremos decir que para poder tener una empresa exitosa a nuestra disposición y perdurable, es indispensable contar con pensamientos que contengan gran cantidad de información adecuada, que generen la certidumbre de que sí lo vamos a poder lograr desde el primer momento.

Viéndolo desde otra perspectiva el pensamiento que se requiere para lograr su máximo esplendor, este necesita de mucha información correcta, esta información es la que va a generar la confianza de que; no estaremos perdiendo el tiempo y dudando de lo que vamos hacer y lograr; a esto se le llama **pensamiento positivo.**

El pensamiento positivo es aquel que requiere de mucha información de calidad, esta información por ser ya probada va a provocar en la persona una confianza sincera y real respecto a lo que quiere lograr, y esto se puede definir como sentimiento positivo (No tiene nada que ver con **Ser Positivo).**

Cuando tenemos información de calidad y la ponemos en práctica genera lo que se le llama conocimiento verdadero. Este conocimiento verdadero es la parte medular del éxito de una empresa, ya que genera la experiencia necesaria para escalonar aun más nuestros deseos de creación.

Pero esto no termina ahí, el pensamiento positivo nos revela más incógnitas de la vida cotidiana si es acompañado de un sentimiento o varios positivos.

Cuando generamos ese pensamiento positivo acompañado del conocimiento verdadero, también generamos una serie de estados emocionales que se alinean con ese pensamiento y ese conocimiento, esos estados emocionales prácticamente nos van guiando por el camino que nuestro pensamiento ya planeado, a esto se le llama comúnmente; **Sexto sentido o la Vos del Alma**.

Para lograr el éxito en nuestra vida, el pensamiento, conocimiento y el sentimiento positivo tiene que ir dirigidos de forma lineal hacia el objetivo planteado. Tienen que estar alineados perfectamente para poder lograr lo que queremos. La alineación correcta no es nada complicada porque es el resultado de la información correcta, sentimiento positivo y pensamiento positivo.

Hemos descrito solo una parte de la forma de pensar y sentir, pero antes de continuar hay que aclarar que el pensamiento solo es información de experiencias pasadas que nada tienen que ver con la experiencia presente y mucho menos con la del futuro, por lo que solo estamos utilizando pensamientos que ya no son aplicables al presente ni futuro, pero además estamos incluyendo a los sentimientos, y los sentimientos no tienen pensamientos solo son sensaciones indescriptibles que, los pensamientos hacen todo lo posible por ponerles un nombre.

Te pregunto, ¿Puedes describir el Amor, Felicidad y gratitud?

Te lo pregunto por qué esa es la parte que Funciona de todo esto, los pensamientos solo es información pasada y los sentimientos son sensaciones presentes, y al estar presentes son las que construyen nuestra realidad.

Planteando esto de otra manera.

GENERANDO SENTIMIENTO CORRECTOS

Los sentimientos comúnmente se definen como; Estados de ánimo provocado por un pensamiento, persona, animal, vegetal o cosa, ese estado de ánimo puede ser: Amor, felicidad, alegría, bienestar, pasión entre muchos más (positivos), y angustia, frustración, enojo, desesperación, arrepentimiento y otros (negativos). Cada estado de ánimo maneja no solo un sentimiento, sino varios al mismo tiempo. Lo interesante de esto, es que pueden surgir dos estados de ánimo totalmente opuestos al mismo tiempo, y saber identificarlos es verdaderamente simple.

Para identificar que estamos teniendo dos sentimientos simultáneamente, primero piensas en algo, eso te genera un sentimiento positivo o negativo, pero a la vez también su contra parte, esto es que, si sientes felicidad por pensar en algún evento grato, al mismo tiempo sientes nostalgia por repetir ese evento, esto nos lleva a descubrir que podemos decidir con cuál de los dos sentimientos queremos permanecer, a lo cual se ha descubierto que, por lo regular nos quedamos con el que nos causa dolor, ¡Sí! Aunque no lo creas nos quedamos con el sentimiento que nos causa dolor. Siempre tendemos a quedarnos con sentimientos dolorosos, esto es debido a que tenemos por costumbre y hábitos **¡Siempre recurrir a la aprobación de los demás!** La aceptación de otras personas sobre lo que estamos haciendo o no, es casi siempre crítica destructiva, eso se ve reflejado en una serie de comportamientos y pensamientos que ya están implantados como un virus (Estado de confort) en nuestro cerebro. Como la información que tenemos almacenada es de las experiencias, en pocas palabras de la vida cotidiana, esa información está limitada a los actos que por costumbre y hábitos siempre realizamos, así, la toma de decisiones siempre va a estar limitada por la experiencia y conocimiento adquirido, por lo que, si hemos decidido quedamos con el sentimiento de nostalgia, este a su vez nos arrastra por inercia al sentimiento de tristeza, que a su vez nos arrastra a frustración, que a su vez a desesperación, que a su vez a molestia, que a su vez a enojo. El enojo es el grado más bajo del sentimiento ya que en él, recae toda la falta de información que se necesita para poder construir, crear e innovar.

Un estado de ánimo es generado en cada momento de nuestra vida, no puede existir un pensamiento sin un estado de ánimo. Es interesante descubrir que el 90% o más de nuestros pensamientos diarios son pensamientos subconscientes, que generan estados de ánimo inconscientes, dicho de otra forma: "Pensamos-Sentimos-Hacemos" o "Sentimos-Pensamos-Sentimos-Hacemos".

Ahora ¿Cómo podemos generar sentimientos correctos que nos lleven a la construcción de un emprendimiento de éxito?

La metodología suele tener varios pasos que si bien son meramente teórico-prácticos, sin duda son los más acertados para generar esos pensamientos y sentimientos positivos que necesitamos.

A lo largo de los años muchos grandes exitosos de los negocios como; Andreu Carnegie, Henry Ford, James Allen, Charles Haanel, Hicks, Napoleón Hill, T. Ever Heker entre muchos más, así como los actuales; Tony Robbins, Jürgen Claric, Robert T. Kiyosaki, Laín García Calvo entre muchos, han descrito entre sus obras y otros en entrevistas que, el poder de pensar bien y los resultados que estos dan es lo que hace al hombre humano. Si bien sabemos que la información correcta es la base de toda creación, también sabemos que los sentimientos tienen un gran peso para generar esos resultados, que en conjunto y alienados hacia el objetivo son los que hacen que el individuo persista en la construcción física de lo que está pensando.

Todos los personajes antes mencionados y empresarios exitosos, han insistido en que, la clave de la construcción física radica solo en pensamientos correctos y sus sentimientos. Los pensamientos correctos los describen como "La acumulación de información correcta", esto se clarifica cuando entendemos el porqué son lectores radicales y entusiastas.

Todas esas personas insisten una y otra vez en que, la información correcta acumulada en su cerebro les ha dado las armas necesarias para desarrollar plenamente sus ideas (Dominar el juego), pero también insisten que no solo se trata de información correcta acumulada, sino que también tiene que ser información verdadera, (La información correcta muchas veces no es la adecuada) pero además tienen un segundo elemento radical que es el sentimiento.

La Información correcta deberá de tener la parte emocional requerida, de lo contrario se convierte en solo información y no en conocimiento, así mismo el sentimiento debe tener la parte de la información correcta ya que solo sería un sentimiento plano y sin deseo de construcción. Lo anterior se puede explicar de la siguiente manera: Un pensamiento positivo es aquel que está enfocado en construcción de algo mejor y, un sentimiento positivo es lo que sentimos satisfactoriamente al conseguir lo que estamos construyendo en nuestro pensamiento, la trampa que hemos estado haciendo constantemente y que a todos nos ha pasado es que, pensamos positivo y sentimos negativo, a esto se le llama: **No saber jugar al juego**.

Si logramos entender cómo se domina un pensamiento y sentimiento positivo, entramos en ese grupo de ¡Exitosos! que saben jugar el juego de la vida.

EMPRENDIMIENTO INTERIOR

Como hemos descrito anteriormente la construcción de un pensamiento acorde a nuestro objetivo, es creer que lo estamos haciendo, y creer que lo estoy haciendo no es otra cosa que estar atento y estudiar cada uno de los factores que intervienen en la construcción de éste.

Como te has dado cuenta, cuando adquiriste este libro, lo primero que te llamo la atención fue el título, eso te causo una serie de pensamientos positivos y sentimientos positivos que te llevo a comprarlo, esto se llama: Acción Masiva para la Creación.

La Acción Masiva para la Creación es cuando tomas decisiones a partir de un sentimiento, con el fin de tener físicamente lo que en tu interior se expresa como una imagen llena de beneficios y expresa lo que deseas (Visualización de Meta).

Cuando visualizas la meta creas una imagen un tanto confusa de lo que deseas, a medida que vas recorriendo las líneas de este libro, comienzas a tomar acción física, lo cual te lleva a investigar en la web, redes sociales y principalmente libros, diferentes formas y acciones para lograrlo. (Fotos, videos, posts etc.) Esa visualización comienza a ser más clara hasta que por fin tienes la imagen que deseas. Cuando tienes la imagen que deseas, comienzas a sentir un sentimiento de emoción, de felicidad y de amor, estos sentimientos son los constructores internos de tu nueva empresa.

A medida que vas leyendo, comienzas a darte cuenta que es sumamente complicado asimilar tanta información, y el secreto está, en que mantengas tu sentimiento de felicidad, amor y alegría lo más alto posible, porqué el mecanismo para adquirir y asimilar información y conocimiento, se encuentra soportado por estos sentimientos.

La gran mayoría de las personas no logran mantener ese sentimiento lo más alto posible y eso es debido a que continuamente están expuestos de forma **VOLUNTARIA** a mensajes que chocan constantemente con los sentimientos antes mencionados y, como todo es toma de decisión, no están dispuestos a salir de su zona de confort debido a que han cambiado esas emociones positivas a emociones negativas.

A continuación, enlistaremos los pensamientos, sus emociones (sentimientos) y su acción física derivadas, y las emociones (sentimientos), sus pensamientos derivados y su acción física resultante.

Algunos pensamientos negativos y sus resultados físicos derivados de los sentimientos

PENSAMIENTO	SENTIMIENTOS	ACCIÓN FÍSICA
No lo lograré	Ignorancia, frustración, angustia, desesperación, tristeza, fracaso, duda, amargura.	Apatía, poca energía, flojera, huida, sueño.
Es mucho para mi	Enojo, frustración, desesperación, impotencia, amargura	Violencia, gritos, golpes, ignorar, indiferencia, inactividad física, destrucción.
No tuve la oportunidad de estudiar	Ignorancia, frustración, angustia, desesperación, tristeza, fracaso, duda, amargura, enojo, impotencia, fracaso,	Violencia, gritos, golpes, ignorar, indiferencia, inactividad física, superioridad, destrucción.
Soy pobre	Ignorancia, angustia, frustración, tristeza, impotencia	Violencia, gritos, golpes, ignorar, indiferencia, inactividad física, apatía, superioridad, destrucción
No soy inteligente	Ignorancia, frustración, angustia, desesperación, tristeza, fracaso, duda, amargura, enojo, impotencia, fracaso,	Violencia, gritos, golpes, ignorar, indiferencia, inactividad física, superioridad, destrucción
Es actividad para mujeres/hombres/niños/niñas	Ignorancia, frustración, angustia, desesperación, tristeza, fracaso, duda, amargura, enojo, impotencia, fracaso,	Inactividad física, gritos, superioridad, destrucción, huida.
Como salga y con lo que tengo.	Ignorancia, frustración, angustia, desesperación, tristeza, fracaso, duda, amargura, enojo, impotencia, fracaso,	Apatía, gritos, golpes, huida, destrucción.

Algunos pensamientos positivos y sus resultados físicos derivados de los sentimientos

PENSAMIENTO	SENTIMIENTOS	ACCIÓN FÍSICA
Lo voy a lograr	Felicidad, amor, emoción, alegría,	Actividad física intensa, sonrisa, amabilidad, cariños@, planea, escribe,
Es mi deber	Felicidad, amor, alegría, triunfo, seguridad.	Acción masiva, sonríe, es amable, es cariños@, planea, escribe.
Leer y estudiar la lectura	Dominio de sí, alegría, felicidad, amor, seguridad, empatía.	Acción masiva, sonríe, es amable, es cariños@, planea, escribe.
Capacitación constante	Dominio de sí, alegría, felicidad, amor, seguridad, empatía.	Acción masiva, sonríe, es amable, es cariños@, planea, escribe, seguridad al hablar.
Fui creado para crear.	Dominio de sí, alegría, felicidad, amor, seguridad, empatía.	Acción masiva, sonríe, es amable, es cariños@, planea, escribe, expresa virtud, innovador/a
De coherencia de pensar/hacer/tener	Amabilidad, seguridad, enfoque, amor, felicidad, alegría, dominio de sí	Acción masiva, sonríe, es amable, es cariños@, planea, escribe, expresa virtud, innovador/a, imparable.

Observamos en estas tablas lo que ocasiona y lo que se siente derivado del pensamiento sea negativo o positivo. Pero no solo los pensamientos son los culpables de que no logremos lo que deseamos o nos proponemos, también existen fuentes externas de las cuales no tenemos control, ni las esperamos llegar, esas fuentes externas nos pueden provocar sentimientos, que, a su vez, nos provocan pensamientos y después actividad física.

Si algo externo nos provoca un sentimiento del tipo que sea, lo consecuente es un pensamiento acorde a ese sentimiento y por lo tanto ese pensamiento nos llevará, a incrementar más sentimientos y a tomar acción inmediata.

Recordemos que la toma de decisiones es el resultado del sentimiento ya pensado, por lo tanto, a cada sentimiento generado se generará un pensamiento y posteriormente regresa a sentimiento que nos llevará a actuar físicamente.

En los últimos años varios investigadores en llegado a generar una serie de teorías relacionados con lo que sentimos y lo que pensamos, estas teorías las podemos describir en una tabla al igual que como lo hicimos anteriormente. Se trata de explicar cómo los sentimientos son los causantes de los pensamientos y no como se pensaba anteriormente, de que cada pensamiento genera un sentimiento. Esto se pudo deducir a partir de la observación de un bebe. El bebe como única arma para seducir a sus padres a dotarle de las condiciones necesarias para su crecimiento y desarrollo, tiene solo los sentimientos como su única respuesta ya que carece de un cerebro dotado de información, el bebe solo tiene la información básica en su cerebro para poder generar inconscientemente las funciones motrices como; respirar, llorar, hambre, etc. Sus neuronas cerebrales necesitan aun generar conexiones entre ellas de tal manera que maduren esas conexiones y puedan transmitir información recibida del exterior para comenzar a formar pensamientos. Dada la capacidad del cerebro para acumular información, se puede entender que, los sentimientos son los que provocan en un individuo el deseo de absorber información, ya que las células neuronales están reservadas exclusivamente para ser estimuladas a partir de datos provenientes del exterior.

Los mecanismos por los cuales el cerebro comienza a acumular información, son por medio de los sentidos; vista, tacto, oído, olfato. Estos sentidos son los responsables de que nuestro cerebro se llene de una serie de datos que al paso del tiempo serán intercambiados entre neuronas para formar los primeros pensamos y conforme pasa el tiempo se tendrán más datos que nuestro cerebro podrá compara unos sobre otros y así comenzar el proceso de pensamiento hasta llegar a ser tan sofisticado como el pensamiento abstracto.

A partir de este proceso de acumulación de información es la manera en que podemos llegar a ser entes pensantes ya que en conjunto con los sentimientos podemos tomar las mejores decisiones y a su vez expresar un sinfín de ideas.

Para que quede más claro esto, una buena idea o mala idea, solo es el resultado de la cantidad de información sea buena o mala acompañada de un sentimiento sea bueno o malo, que en conjunto detonaran en una realidad física para el individuo. En pocas palabras, las buenas ideas son el resultado de la información correcta y el sentimiento correcto alineados en magnitud, dirección y sentido.

Esto lo podemos observar en muchos personajes de la vida cotidiana y en nosotros mismos. La gente exitosa ha creado un sí mismos pensamientos y sentimientos dispuestos como un vector (magnitud, dirección y sentido). A diferencia del común denominador de la población, estos no han podido engarzar sus sentimientos y pensamientos en forma de vector, por el simple hecho de no tener la información adecuada para poder dar ese salto vectorial que se necesita para explotar al máximo su potencial.

La presente tabla trata de explicar con ejemplos algunos pensamientos derivados de sentimientos...

FACTOR SENSORIAL/SENTIMIENTO INSTANTANEO	PENSAMIENTO	SENTIMIENTO	ACCIÓN FÍSICA
Viento / Olor Molestia /Incomodidad	¡Qué viento tan más molesto! ¡Huele mal ese hombre! ¡Qué viento tan más refrescante! ¡Su olor es por qué viene de su trabajo¡	Enojo, coraje, frustración. Alegría, felicidad, amabilidad.	Gritos, patadas, golpes, indiferencia, rechazo. Bailes, cantos, abrazos, besos, Toque de hombre, saludo efusivo.
Tiempo/sin dinero Desesperación/frustración	¡No pude terminar! ¡Ya no tengo dinero para la renta! ¡Sal a despejarte unos minutos! ¡Venderé lo que ya no esté usando!	Tristeza, enojo, angustia, frustración. Tranquilidad, relajación.	Letargo, gritos, golpes, patadas, rechazo, huida, rezos. Silbar, sonrisas, bromear.

Observemos en esta tabla, que los sentimientos son provocados a razón de la exposición física de nuestro cuerpo al medio ambiente, donde los sentidos como la vista, olfato, oído, tacto, reciben una información sensorial y que nuestro cuerpo responde a esos estímulos que a su vez provoca un sentimiento. Ese sentimiento, es el resultado del estado de ánimo que en esos momentos se éste generando. Cuando el estado de ánimo es positivo, inmediatamente el pensamiento reacciona a ese sentimiento y por consiguiente sintiéndose más cómodo consigo mismo. Si el pensamiento es positivo y si el estado de ánimo es negativo, ocurrirá que el pensamiento se sentirá más cómodo tendiendo a lo negativo.

En pocas palabras la siguiente técnica es: Siempre mantén un sentimiento positivo a costas de un pensamiento negativo. Siempre trata de pensar y sentir alegría, felicidad, confianza, etc., eso, con el tiempo será muy sencillo hasta que llegue el día en que no tendrás que pensarlo para sentirlo.

Probablemente te estés preguntando si lo lograrás y la respuesta es que en este momento estas generando un sentimiento negativo dado que estas dudando y eso a su vez genera un pensamiento negativo dado que lo estás pensando en forma de pregunta.

Describiremos otra situación sobre generar esos sentimientos positivos y pensamientos positivos.

Recordando en descripciones anteriores sobre la información, pues, si constantemente te mantienes preparándote (capacitándote) en el tema o habilidad de tu preferencia, ese simple hecho ya te está posicionando con información necesaria para genere certidumbre en tus emprendimientos o desarrollos. La seguridad de lo que se está haciendo disipa por completo muchos sentimientos tales como; ignorancia, miedo, frustración, angustia, desesperación, esto es por el simple hecho de que sabes el futuro próximo, por lo que no te importa pensar en lo que podría suceder mal ya que sabes que sucederá de bien.

Otro consejo es que: Lee todos los libros que puedas sobre el tema de importancia y vuélvete un experto; Te puedo asegurar que mientras más leas de lo que te apasiona, más será la seguridad que sentirás hacia el mundo exterior.

Recapitulando.

Mantén siempre por encima de todo, un estado de ánimo positivo, un pensamiento positivo, y siempre piensa en lo que tienes que lograr sin importar los eventos, situaciones, personas o circunstancias (Todo esto es derivado de la Ley de Atracción que tú mismo convocaste), te aseguro que si lo haces, siempre tendrás vitalidad y energía para lograrlo, -yo, ya lo he practicado- y mientras menos lo esperes, se presentarán eventos, situaciones, personas y circunstancias que te ayudaran a lograr lo que ya te has propuesto, a eso se le conoce como: **VIBRACIÓN**. Recordemos que el hombre no atrae lo que tanto desea, solo atrae lo que es realmente él. De otra manera podemos indicar que: El hombre atrae lo que es él: Si tú eres pesimista atraerás a tu vida pesimismo, si eres negativo atraerás solo cosas negativas, si eres feliz atraerás felicidad a tu vida. Lo anterior es la Ley, y la Ley no se puede cambiar por más que quieras si tú no estás dispuesto a cambiar tus pensamientos y sentimientos.

LAS VIBRACIONES

Tenemos que platicar muy bien esto de la Vibración. Se ha escuchado mucho sobre personas a las cuales les dicen que tiene buena vibra o mala vibra. Antes de comenzar con este tema tenemos que saber varios conceptos que probablemente desconozcas y son: *Energía, Electromagnetismo y Resonancia*. Los dos últimos conceptos los iremos describiendo a lo largo del capítulo, con la lectura iras comprendiendo su mecanismo y funcionalidad.

Todo en este planeta está formado por estas tres características, nada existe sin una de las tres, todo es uno y uno es todo, todo está conectado, desde lo más simple hasta lo más complejo.

Durante muchos años hemos sido capacitados, adiestrados y educados bajo los conceptos de un grupo de personas que creen que las cosas del mundo son de cierta manera, si bien ellas han hecho un gran esfuerzo por demostrar que los cosas son de esa cierta manera, en las últimas décadas se ha podido demostrar que esa cierta manera, es solo una pequeña parte de lo que realmente es la creación del universo.

Esa cierta manera de lo que hemos descubierto y creemos, déjame decirte que apenas es el 1% de lo que realmente es. Solo nuestros sentidos tales como: vista, olfato, tacto, oído, son capaces de percibir ese porcentaje, lo demás se encuentra en una zona por decirlo así, que nuestros sentidos son incapaces de percibir, pero sin embargo están presentes en todas partes.

En este mundo como en todo el universo, está conformado por energía en sus diferentes manifestaciones: Energías densas o energía ligera. La energía se manifiesta como Vibración. La vibración es el estado de la energía capaz de crear cosas, pero también es capaz de crear pensamientos.

La vibración es capaz de manifestarse en forma de una empresa (vibración sutiles conformada como átomos), hasta presentarse como una imagen en tu pensamiento de una gran empresa (vibración muy ligera sin configuración atómica), pero además tiene la cualidad de vibrar extremadamente alto (longitud de onda muy larga) que se manifiesta como sentimientos de amor, felicidad, armonía, cariño, alegría, etc., hasta vibraciones demasiado bajas sin configuración atómica (longitud de onda muy compacta) que se manifiestan como enojo, coraje, cobardía, molestia, infelicidad, desamor, etc.

En estos momentos ya podemos hacer una separación sobre la forma de cómo se manifiesta la energía en las cosas externas e internas:

Vibración ligera con configuración atómica: cosas materiales y que se pueden sentir con los órganos sensoriales del cuerpo.

Vibración muy ligera con y sin configuración atómica: cosas que no las percibe nuestros sentidos pero se ha comprobado que si existen.

Vibración muy alta extremadamente ligera sin configuración atómica: pensamientos y sentimientos positivos.

Vibración muy baja o densa sin configuración atómica: pensamiento y sentimientos negativos

VIBRACIÓN LIGERAS CON CONFIGURACIÓN DE ÁTOMO

Esta vibración se manifiesta como ya lo sabes en todo aquello que es material o que nuestros sentidos son capases de captarlo. Todo lo que se encuentra alrededor que puedes ver y sentir es vibración ligera configuradas en átomos, mientras más ligera sea, más cualidades palpables tendrá. Esto significa que una empresa ya instalado es vibración en un sinfín de formas físicas, de aromas, colores, sonidos, pero además un sinfín de vibraciones ligeras, rápidas con configuración en átomos.

Las vibraciones ligeras con configuración de átomos se pude medir bajo el concepto de densidad (átomos con mayor cantidad de energía)

Para que quede más claro la energía vibra en un sinfín de posibilidades. Podemos comprobar esta energía con un simple ejercicio. Si llenamos un vaso con agua, le añadimos un puño de tierra , luego lo mezclamos vigorosamente, veremos que el agua junto con la tierra están mezclados, al paso de algunos segundos comenzamos a observar que las partículas de tierra más grande (rocas) son las primeras en depositarse en el fondo del vaso que son las que están compuestas por átomos con gran cantidad de energía que les da su densidad (peso por volumen) ,luego se depositará encima de las rocas los polvos más finos, luego quedarán partículas suspendidas entre el agua que no suben ni bajan, por ultimo quedarán partículas muy ligaras que estarán en la parte superior del nivel de agua. Esto es muy interesante, para comprender las diferentes densidades de la materia y densidades de la vibración.

Los pedazos de roca que están en el fondo del vaso, es energía vibrando compactada (en la física clásica se le llama densidad), está tan comprimida que no puede diluirse entre los otros elementos que la rodean y por su densidad siempre permanecerá al fondo. Luego con las mismas características están las partículas de tierra pequeñas y muy pequeñas, al igual que las rocas son también muy densas pero un poco menos que las rocas, por lo que estas siempre tenderán a estar por encima, posteriormente nos encontramos con las partículas suspendidas en el agua, estas partículas son sólidas, pero con una característica increíble, tienen la misma densidad del agua, es por eso que no caen al fondo ni llegan a la superficie. Luego nos encontramos con las partículas que se encuentran en la superficie, esas partículas tiene la peculiaridad de que son menos densas que el agua ¡Sorprendente!, por ultimo tenemos otro elemento que está por encima de todos estos y es el aire, el aire es menos denso que el agua y por eso se encuentra por encima de todos los demás, por ultimo tenemos la luz, este elemento lumínico está por encima del aire, eso quiere decir que es mucho menos denso. Lo interesante de esto, es que, la luz ya no es una vibración con configuración de átomo y es por el cual se vuelve más retador poder demostrar que existen vibraciones superiores.

Conocer la configuración de la vibración con este ejercicio podemos explicar el por qué en nuestro planeta siempre la tierra va a estar por debajo del agua, el agua por debajo del aire, el aire por debajo de la luz, y la luz por debajo de otras vibraciones que explicaremos más adelante.

Con esto podemos entender un poco, pero no por completo, el por qué las plantas siempre van a estar por encima de la tierra. Las plantas por su configuración de vibración, siempre estarán en un nivel superior que el suelo, y decir, un nivel superior de vibración no se refiere a vibración densa, se refiere a vibración rápida.

Realizando un paréntesis sobre esto de la vibración, quiero que dejes a un lado el concepto que aprendiste en la escuela de la forma en cómo se mueven los átomos, deja de pensar en cuantos protones tiene cada átomo, si bien la densidad está determinada por el número de protones de un elemento, eso no significa que la energía sean átomos, los átomos son configuraciones muy específicas de la energía que siempre se manifestarán físicamente. La pregunta que te haría es: ¿Si los átomos son una configuración de la energía, entonces la energía que no está configurada como átomo ¿dónde está?

VIBRACIONES MUY LIGERAS CON CONFIGURACION DE ATOMOS Y SIN CONFIGURACION DE ATOMOS

Una segunda forma de la energía está en todo aquello que es ligero, en esta configuración de vibración, se encuentras los gases (aire, compuestos gaseosos, elementos como O, N, He, Ne, Ar, etc., y todas las formas de energía que no vemos y algunas ni sentimos (electricidad, magnetismo, espectros de luz, calor, etc.)

Las vibraciones ligeras también tienen su método de comprobación y aunque la mayoría de ellas no sean perceptibles para nuestros sentidos, la ciencia ha podido demostrar que existen. Tú también las puedes demostrar siguiendo estos simples pasos.

La primera forma de demostrar que la energía se encuentra configurada en una vibración ligera pero que no la puede sentir, tocar, ver oír, oler, pero ahí está, es el magnetismo. Simplemente agarra un par de imanes y podrás comprobarlo.

Coloca un imán por encima de la palma de tu mano, después coloca otro imán por debajo de tu mano y veras que la energía magnética dependiendo el polo que hayas puesto, verás que los imanes se atraen y tu mano se encuentra en medio de los dos, no puede sentir ni siquiera en lo más mínimo la energía magnética atravesando tu mano, ni siquiera esa energía magnética afecta la estructura molecular de tu mano, ni siquiera el ADN de tus células, pero si puedes ver el efecto que causa esta vibración.

Otra demostración que puedes realizar, para comprobar la existencia de la vibración y su energía, es la electricidad. Simplemente frota tu cabello sobre un globo inflado de caucho y veras que los cabellos se erizan y a la vez sientes un flujo eléctrico recorrer la parte superior de tu cabeza. A esa vibración se le llama Electromagnetismo. Este fenómeno ocurre porque estamos excitando dos cuerpos que están formados por diferentes tipos de átomos, al frotarse un objeto con otro cargamos de energía eléctrica los dos objetos y cuando los acercamos intercambian flujos de energía de tal magnitud que los podemos percibir con nuestros sentidos.

Continuando con más ejemplos para comprobar la existencia de la vibración de la energía, basta con observar un arcoíris, la disposición de los colores está dispuesta de acuerdo con su vibración, cada color tiene una frecuencia de vibración. El color violeta si observamos se encuentra en la parte baja del arcoíris y la parte roja en la parte más alta.

Entre el violeta y el rojo hay varios colores como el azul, verde, amarillo, anaranjado. Después del violeta se encuentra el ultra violeta y una infinidad de vibraciones más y después del rojo, se encuentra el infra rojo y una infinidad de vibraciones más. Solo nuestra vista puede ver 7 colores del espectro de luz, más allá de esos 7 colores solo con tecnología sofisticada podemos saber que hay muchos más. Como ya lo has comprendido, existe infinidad de vibraciones de energía pero no la vemos, sentimos, olemos, degustamos.

Las ondas de radio, televisión, microondas, etc., son vibraciones que están en todas partes, solo que no podemos saber si existen, y eso solo lo podemos comprobar por medio del desarrollo tecnológico.

Te has preguntado ¿Por qué hay millones de teléfonos celulares en todo el mundo y ningún número se repite? Pues la respuesta está en la vibración. Así como existe un número infinito de vibraciones por debajo y por encima del arcoíris, pues de la misma manera existe un número infinito de ondas de radio, televisión, microondas etc. Cada teléfono celular se le asigna una onda de vibración la cual está identificada por un número, como las ondas de vibración que utiliza el celular son infinitas, pues jamás podrán terminarse los números para los teléfonos celulares. Esas ondas de vibración de nuestro teléfono celular jamás podremos verlas, sentirla, olerlas, ni probarlas, y Sí existen.

Como nos hemos podido dar cuenta, existen vibraciones de todo tipo. Solo hemos explicado las vibraciones que nos muestran cosas materiales y también las vibraciones que podemos comprobar con la tecnología y algunas con los eventos que la naturaleza nos regala, pero existen más vibraciones que la física no puede demostrar y la ciencia exacta duda que existan a pesar de ser tan evidentes.

Entendamos que la ciencia exacta, solo cree en lo que puede demostrar con la tecnología, y si no tiene manera de demostrarlo simplemente dice que no existe o no es posible aun y aun que la tenga en frente viéndola, tocándola, palpándola, lo niega, porque sus métodos no pueden demostrar que está ahí y, simplemente la rechaza, ese es el caso de la vibración rápida, es por eso que nos apoyaremos de otras ciencias que comúnmente son desplazadas o se les da poco significado ya que por ser ciencias del pensamiento y ser abstractas se cree que solo son para filósofos, psicólogos, etc.

VIBRACIÓN MUY ALTAS Y LIGERAS SIN CONFIGURACION DE ÁTOMOS

Cada pensamiento, idea y decisión, se encuentra dentro de esta vibración. Son tan rápidas y ligeras que penetran todo, lo impregnan todo, y lo más increíble es que lo crean todo. Todo lo que ves a tu alrededor, todo lo que existe en este mundo y en el universo es creado por estas vibraciones. Estas vibraciones nada tienen que ver con las vibraciones del cerebro que van desde 0.5 hz. a 14 hz.

La comprensión de cómo funcionan estas vibraciones es la clave para crear; que en nuestro caso es una empresa de éxito. Antes de comenzar a describirte por que son las más importantes estas vibraciones, recurriremos a contar algunas historias y sucesos que a mí me dieron las herramientas como, eventos, personas y circunstancias para poder lograr lo que tengo en la actualidad y la persona en la que me he convertido: Aun aplico con firmeza y convicción esta forma de pensar en cada momento de mi vida.

En septiembre de 2007 se estrenó una película llamada "El Secreto", como toda película en su momento causo una reacción en una infinidad de personas, todo mundo platicaba una y otra vez de lo que ahí se decía; porque no decirlo, yo también hablaba de ella, pero no bien, más que nada era hablar en función destructiva. Como es de esperarse entraba en conflictos con mucha gente por querer yo, en mi ignorancia, hacerles comprender que eso solo era fantasía. Que solo era parte de la cúpula del poder mundial para mantenernos con esperanza de que algún día las cosas fueran mejor y que cada quien puede lograr lo que se proponga sin importar las circunstancias donde se encuentre. El motivo de mi descontento de esa película era que según yo los personajes eran conocidos a nivel mundial por ser súper exitosos. En esos momentos aun ignoraba el manejo de las vibraciones, no entendía en lo absoluto como se movían dentro del cuerpo para posteriormente manifestar en la realidad lo pensado.

Meses después conocí a una persona que me platico haber visto la película y que aplicó algunas técnicas que se mencionan, que posteriormente comprobó lo increíble de ese poder al conseguir varias cosas que traía en mente desde ya varios años. Mi primera impresión fue... *ya le lavaron el cerebro...* Al continuar la plática le hice un par de comentarios que fueron el detonante que me permitió comprender el secreto del que tanto se mencionaba en aquellos años, y el primer comentario que le hice fue: -*Lo que provocó que lo lograras fue tu determinación para hacerlo, no fue otra cosa-* posteriormente comencé a carcajear sínicamente. El segundo comentario fue: *-Mantuviste tu Fe de que lo podías hacer y por eso lo lograste, no hay nada de secreto en eso-* pasaron algunos segundos en silencio, y con gran alegría me contestó: *-Tu lo has dicho, determinación y Fe, no entiendo porque si lo sabes no lo aplicas-* En esos momentos me sentí inmediatamente un perfecto tonto, comenzando una gran estrategia de defensa sin parar, la boca articulaba una serie de tonterías que no tenían algún sentido, unos minutos después me retiré frustrado y enojado al saber que me había vencido con lo más simple.

Pasaron los días y aun en mi mente se encontraba plasmado ese evento, los recuerdos llegaban una y otra vez sin cesar, la cólera y mal gusto inundaban mi cuerpo, intentaba tener los elementos para regresar y poderlo vencer. Después de algunas semanas mi deseo fue creciendo hasta que tome la DETERMINACIÓN de estudiar el tema para poder llegar a véncelo yo, ahora con mis argumentos bien estructurados y plateados. Comencé a leer libros sobre el tema uno tras otro sin parar, a tomar empuntes tratando de encontrar la manera de explicarle que todo eso era una farsa.

Pasaron varios meses y aun no encontraba el camino para poder ir a refutar lo que me había dicho, cuando un día, algo sucedió, comprendí que lo que yo estaba haciendo es lo mismo que le había dicho, ignoraba que yo lo sabía, estaba determinado a véncelo y creía con Fe rotunda que lo podía lograr. Al darme cuenta de que yo estaba haciendo exactamente lo mismo que el hizo para lograr lo que por tantos años había intentado pude comprender que ese era el camino para vencer y no ser vencido.

Con esa Determinación y Fe, pude darme cuenta que estas dos simples palabras son Leyes Universales y su aplicación funcionas para cosas negativas o positivas, entendí que cuando uno está determinado a conseguir algo funcionan perfectamente bajo las condiciones de vibraciones positivas o negativa, y la Fe es la parte que mantiene esa determinación. Si se está determinado a lo negativo va a funcionar dando más desesperación, frustración, enojo y la Fe poco a poco se irá desvaneciendo hasta el punto en que será solo un mal momento. La Fe tiene su contra parte que es el **Miedo**, así como la Fe es indicativo seguro de que va a suceder satisfactoriamente, también el **Miedo** es indicativo seguro de que va a suceder insatisfactoriamente.

Cuando esto último sucede se entra en un estado de víctima, y posteriormente comienzan los sentimientos más negativos. Si está configurado en lo positivo, la determinación incrementará dando más felicidad, armonía, conocimiento y la Fe se mantendrá constante hasta conseguir la meta.

Esto, lo podemos observar en una película y el libro *El Secreto*, solo contiene una pequeña parte de lo que realmente es. Para que se entienda mucho mejor, contiene solo el 20% de lo que es la Ley de Atracción. La Determinación y la Fe solo es una parte del proceso de conseguir lo que uno desea, a esto se le tiene que sumar el Enfoque y la Pasión. Aunque esto no termina así solamente, también tiene que intervenir otras vibraciones, y como lo explique anteriormente tienen que formar un vector: **DESEO, PENSAMIENTO Y EMOCIÓN**. Estas últimas tienen que estar perfectamente alineadas para que consigas tus metas.

Estos eventos ponen de manifiesto una ley ya muy conocida pero poco entendía, "**Ley de Atracción**" Esta ley es una de muchas que existen pero que no son incluidas en las Ciencias del hombre.

Esta Ley dice que; *Todo lo que se piensa sea consciente e inconsciente será atraído a nuestra vida como: situaciones, personas, cosas y circunstancias para materializar lo deseado.*

Esto en primer instante parecería ser fácil de comprender y llevar a la práctica sin ningún problema, pero, ¿Realmente esta ley existe y funciona? Te puedo indicar con un tremendo ¡Sí! Que es verdad, funciona, y tener la comprensión de su naturaleza nos dará las armas para lograr que aplique en nuestra vida, de hecho, siempre está aplicando su naturaleza en nosotros.

La Ley de Atracción es una ley como cualquier otra que existe en nuestro plano físico: Ley de la gravedad, 1ra, 2da, 3ra, ley de Newton, 1ra, 2da, 3ra de la Termodinámica entre muchas más. La diferencia entre la Ley de la Atracción y las demás leyes naturales, es que esta ley se mueve en el plano cuántico, es decir en al plano de la vibración sin configuración de átomos, sin materia.

Podemos entender esto mejor explicando que es la Ley de la Gravedad o Gravitación Universal de Newton, donde indica que: La fuerza con que son atraídos dos cuerpos debe ser proporcional al producto de sus masas. Esto lo podemos explicar con algunas investigaciones de grandes científicos.

En aquellos años aun no se tenía suficiente conocimiento sobre las estrellas, planetas, y el espacio sideral. Un científico llamado Carl Sagan pudo comprobar que el espacio queda curvado si quitamos una masa de ese lugar, o sea, una estrella si la quitáramos de ese lugar ¿qué pasaría? Se dio cuenta que el espacio quedaría curvado y, que otros cuerpos celestes estarían atraídos por su fuerza de gravedad ya sin masa a ese lugar, donde se dio cuenta que es el origen de los agujeros negros.

Entendido esto, podemos decir que **La Ley de Atracción** es algo como un agujero negro el cual entrará toda energía de vibración y será llenado con lo mismo. Es decir, como ya sabemos que todo es energía en vibración, y nuestros sentimientos y pensamientos son energía en vibración, todo lo que estemos vibrando sea bueno o malo serán atraídos hacia nosotros. En pocas palabras nosotros somos ese espacio vacío en el universo (agujeros negros) y vendrán todas las cosas que vibren a la misma frecuencia. Esto queda muy claro cuando observamos el por qué las personas exitosas se juntan con personas exitosas, las felices con personas felices, las amorosa con personas amorosa, los empresarios con los empresarios, los sacerdotes con los sacerdotes, escritores con escritores etc.

Te insisto mucho en que observes a tu alrededor y seas capaz de identificar tus pensamientos y sentimientos, y, te darás cuenta que, con las personas que te juntas, frecuentas, el lugar donde vives, las cosas que tienes, son muy, pero muy similares a ti y lo que tienes, lo que haces, como hablas, como te expresas, el dinero que ganas, los gustos que tienes, etc.

En pocas letras, atraes todo a tu vida de similar condición a personas, situaciones y circunstancias, con el simple hecho de pensar y sentir como ellos.

VIBRACIONES MUY BAJAS Y DENSAS SIN CONFIGURACION DE ÁTOMO

Estas vibraciones son las que determinan casi en su totalidad la falta de un pensamiento creativo, son las que no permiten que exista un estado de desarrollo personal y que más del 85% de la población de este planeta las consume.

El odio, desesperación, frustración, enojo, apatía, molestia, furia, tristeza, angustia, entre muchas más son vibraciones bajas y densas, esto quiere decir que pesan mucho en nuestra mente y son las responsables de tanto fracaso, de tanto mal si así lo quieres pensar.

La forma más fácil de darnos cuenta que por nuestra mente y cuerpo circulan estas vibraciones es mirando a nuestro alrededor y ver qué es lo que hemos logrado. Nos vamos a dar cuenta que siempre estamos deseando tener más, nos damos cuenta que siempre estamos buscando ser felices, amados, queridos, siempre buscamos culpables de lo que nos pasa, y al final tenemos frases muy tradicional para desligarnos de lo que hemos creado nosotros mismos y es: **"LO QUE DIOS QUIERA" "ES LA VOLUNTAD DE DIOS" ES EL DESTINO QUE ME TOCO" "ASI SOY YO" "SOY POBRE" "NACÍ POBRE, MORIRE POBRE" "SOY MUY TONTO PARA**

ESTUDIAR" "SOY DE LENTA CONPRENSIÓN" "ASI ME TOCO LA VIDA" y un sinfín de afirmaciones negativas que no nos damos cuenta que son las que están formando nuestro estado actual.

Quiero que se entienda que este estado actual si es que piensas y actúas de esta manera, **no son tu culpa**, son producto de una serie de factores externos a ti que influenciaron desde que naciste y que siguen siendo parte de tu vida en la actualidad y es producto de tu familia y sociedad en la que te encuentras.

Esta vibración es la que no deseamos que nuestra empresa física tenga al momento de instalarla. Si te encuentras vibrando de esta forma te aseguro que siempre estás recurriendo a la web en búsqueda de soluciones que te aseguren erradicar un sinfín de situaciones no deseadas, y terminaran por dejar tu proyecto.

Afortunadamente ya conoces el secreto, sabes que solo es tomar la decisión de cambiar ese estado mental y esos sentimientos negativos por unos positivos. La clave es decidir que es momento de ser alguien diferente, decidir lo que quiero para mi, decidir cambiar lo malo de mi vida por la buen de la vida, decidir que si amo me aman, si soy feliz todos serán felices a mi alrededor, si confió confiaran en mi, si crezco como persona se encontraran personas de la misma condición a mi lado.

Entiendo que se escucha muy fácil y aparentemente es muy fácil, y lo que te puedo decir es que si es muy fácil ya que solo es **Tomar la decisión**.

Si no te hubiera descrito como es que funcionan la energía en forma de vibración te aseguro que estarías perdid@, ahora que ya lo sabes deberá ser fácil aplicarlo, y es por eso que te voy a enseñar unos tips, que seguro serán de gran utilidad para que puedas empezar a construir tu nueva empresa.

PRINCIPIOS O LEYES UNIVERSALES

Estos son una serie de leyes o principios fácil de comprender, quien los aplica asegura su abundancia en este planeta sin restricciones. Existen muchas formas de conocer y entender los principios.

Muchos maestros espirituales a lo largo de la historia del ser humano nos dieron muchas pistas para aplicarlos: Jesús de Nazaret, Buda, Mahoma, Gandhi, Madre teresa de Calcuta, Lao-tsé, entre muchos más.

El más conocido de todos es **Jesús de Nazaret**. Entre sus enseñanzas nos dio una serie de pistas en forma de parábolas que a lo largo de la historia fueron tergiversadas y adaptadas para crear miedo y caos en el mundo, ¡Sí! Como lo lees, miedo y caos.

Quiero que comprendas que El maestro Jesús nunca fundo una religión como tal, es más, el estaba en contra de que se fundaran las religiones puesto que el sabía que una religión provoca pobreza y caos en el humano.

El maestro Jesús siempre hacia énfasis en pensar de forma positiva y sentir esa emoción positiva de la vida, cuando el indicaba a sus seguidores frases como; *"Amaras a dios tu creador sobre todas las cosas"* jamás quiso decir que amaras a un Dios, el significado real era que te **Amaras a ti mismo** ya que tu eres dios de ti mismo. Otra fase que se nos ha inculcado mucho en nuestras religiones es: **"Porque de los pobres es el reino de dios"** esta frase no significa que debas de ser pobre para que tengas el reino de dios, quiere decir que: **Los pobres de infelicidad, des-amor, desesperación, angustia, maldad, egoísmo, etc., serán los dueños del mundo.** O sea, que si eres pobre en pensamientos negativos y pobre en sentimientos negativos gozarás del reino de la abundancia. **"No puedes servir a dos amos"** El significado es que no puedes servirte a ti mismo y querer servir a otra persona, si no podemos Ser nosotros mismos como pretendemos que los demás sean como nosotros que aun no sabemos lo que somos.

Tenemos que ser muy claros en esto, si crees que estas líneas son parte de un escrito religioso te estás equivocando. La verdad de estas líneas no tiene nada que ver con una religión o creencia, te estoy hablando de esta manera porque creo que es parte de tu creencia, y si tú crees en Dios te lo agradezco, y si tu no crees en Dios, de igual manera de lo agradezco.

Las Leyes Universales son parte de la creación del universo como tal, o si quieres podemos decir que, Dios las creo para ver la verdad.

Estas leyes fueron descubiertas en un manuscrito llamado El Kybalión, y se cree que fue escrito por Hermes Trimegisto ("el tres veces grande), este manuscrito contiene 7 leyes del universo, que, el que las comprende, vivirá una vida llena de abundancia y gozo.

Primera Ley. El principio del Mentalismo

Esta ley nos dice que todo es mental, y que todo lo que vemos fue creado primero en el plano mental (cuántico) y después en el plano físico.

Esta ley es fácil de comprobar y tan es así, que hagamos un ejercicio para poderla comprobar.

Cierra tus ojos y piensa en un rollo de papel sanitario, ve el papel sanitario como si lo tuvieras en tus manos, ahora ve a tu cuarto de baño y toma el papel. Podrás decir que este ejercicio es muy tonto, pero te puedo asegurar que ha cambiado en estos momentos tu día. Tu día hoy, fue totalmente diferente porque jamás paso por tu mente que tuvieras que pensar en un papel de baño. Al momento que decidiste ir al baño a tomar el papel sanitario materializaste ese pensamiento y lo convertiste en realidad, a eso se le llama salir de la zona de confort. Si por el contrario no dejaste de leer y continuaste leyendo, te aseguro que no materializaste ese papel de baño y por lo tanto continuaste en tu zona de confort.

Este pequeño ejercicio demuestra que para lograr cosas en la vida debemos primero pensar en esas cosas que queremos, deseamos, o anhelamos y para materializar ese pensamiento debemos salir de nuestra zona de confort.

Esto nos lleva a analizar las cosas más grandes que deseamos en nuestra vida, por ejemplo, un auto nuevo, una casa más grande, un viaje, libertad financiera, un amor verdadero, etc.

Si bien, la Ley del Mentalismo aplica para cualquier cosa que queremos, también tiene una serie de leyes que la apoyan para que lo que estamos pensando se materialice al paso de algún tiempo, pero además, si piensas que con solo pensar lo que quieres es más que suficiente de lo que tienes que hacer, quiero recordarte que estás leyendo este libro porque quieres que te diga con certeza que debes hacer para materializar todo lo que quieres en la vida. Pues esta es la respuesta: piensa en un auto nuevo, piensa como si ya lo estuvieras manejando, siente que ya tienes varias semanas o meses con él. ¿Qué sentimiento tienes en estos momentos?

Te puedo asegurar que sientes emoción porque traes auto nuevo… Lamento decirte que esa emoción que tienes es la que no te permite atraer un auto nuevo. (Ley de la Atracción)

Expliquemos el por qué no sirve esa emoción. Como indicamos anteriormente los pensamientos son la base para la construcción de lo que queremos lograr y deseamos en la vida, pero además deben de ser pensamientos positivos con sentimientos positivos. Al estar pensando en ese auto nuevo como si ya lo tuvieras tu mismo te estás poniendo una trampa, y esa trampa es que, tus sentimientos y pensamientos no están alineados en eso que estás pensando, y no están alineados porque estás pensando con esa emoción de tener un auto nuevo y ese pensamiento como si ya tuvieras semanas o meses con él. La trampa de esto es que en estos momentos como te sientes con tu auto actualmente, te puedo asegurar piensas y sientes fastidio o aburrimiento por el auto, y te preguntas una y otra vez cuándo podrás comprarte uno nuevo. ¡ESA ES LA TRAMPA DE QUE TANTA GENTE CREE QUE LAS LEYES UNIVERSALES NO FUNCIONAN!

Te han dicho que pienses en lo que quieres como si ya lo tuvieras y que sientas esa emoción de tenerlo, pues déjame decirte que es completamente lo contrario a eso.

La persona que practica esta ley y sabe entenderla comprende que pensar como si ya lo tuviera es sentir también como si ya lo tuviera, pero sin esa euforia y emoción de que ya se tiene. Puesto de otra manera. ¿Cuánto tiempo te duro el gusto y esa emoción de alegría cuando compraste tu primer auto, tu primera TV, tu primer Celular?

¡Pues te han dicho que sientas como si ya lo tuvieras! Y si ya lo tienes, esa emoción es calmada y tranquila.

Cuando esa emoción que es calmada y tranquila, (piensa como si ya lo tuvieras), entra la ley de la correspondencia.

Segunda Ley: Ley de la correspondencia

Esta ley indica: Como es arriba es abajo. (Como piensas es tu día a día)

Esto quiere decir que como estás pensando, es lo que cada día estás viviendo. Si ponemos como ejemplo el auto nuevo que estamos mentalizando, podemos entender que si estamos desbordados en emociones porque eso es lo que nos dijeron que pensáramos y sintiéramos, esta ley lo que te mostrará es lo mismo en el plano físico, tu estarás viviendo una emoción desbordada y totalmente destructiva, comenzarás a desviarte de tu anhelo y entraras en estado de frustración. En pocas palabras, tus pensamientos emocionales desbordados los estarás viviendo constantemente al momento de que quieras un auto nuevo, y, como son leyes nunca lo recibirás. (Aplica la Ley de la Atracción) por que la ley de la atracción está dándote lo que quieres, un pensamiento frustrado y una vida frustrada.

La Ley de la Correspondencia bien aplicada hace que seamos pensadores conscientes de nuestros anhelos, deseos, inquietudes, de forma sabia. Si controlamos nuestras emociones y pensamientos que tiendan a la tranquilidad entonces la Ley de la Correspondencia nos volverá personas sabias y capaces de tomar siempre las mejores decisiones a nuestro favor.

Tercera Ley: Principio de vibración.

Esta ley indica que todo está en movimiento constantemente, todo cambia y se desarrolla, nada está quieto. Lo único que existe es el cambio permanente.

No hace falta que platiquemos mucho sobre esta ley, puesto que nos hemos pasado mucho tiempo hablado de ella (vibraciones), lo que podemos agregar es; tomando el ejemplo del auto es que, si vibramos igual que ese automóvil nuevo, lo atraeremos a nuestra vida sin complicaciones. ¿Y de qué manera lo atraeremos? Pues aplicando conscientemente las dos primeras leyes.

Cuarta Ley: Principio de la Polaridad.

Esta ley indica que todo tiene su contraparte, así como blanco tiene el negro, como es izquierda hay derecha, como es calor es frio, como es luz hay obscuridad…

Como este mundo es dual. Todo tiene su contraparte, entonces podemos entender que si hay un cielo, también hay un infierno (como piensas negativo, vives, mal = Infierno, Como piensas positivo, vives de lo lindo= Cielo)

Esto lo podemos entender con el ejemplo del auto. Si piensas en ese auto de forma negativa (que es lo más común), tu infierno es que compraste un auto que te esté fastidiando todo el tiempo, y eso es porque faltaste a las leyes anteriores. Tus pensamientos no fueron tranquilos y como estaban desbordados tomaste la peor decisión, que fue comprar lo primero que te deslumbro, o simplemente te quedaste con las ganas de comprar ese auto y te gastaste el dinero en unas vacaciones del diablo, o simplemente, jamás conseguiste el dinero para comprarlo.

Quinta Ley: El principio del ritmo

Este principio nos dice que todo va y viene, todo comienza y termina, todo se crea y se destruye. Es fácil comprender por qué tardan las cosas en llegar. Recordemos que primero tiene que ser creado en nuestra mente y después se crea en nuestro plano físico. Después de que ha sido creado en nuestro plano físico comienza la destrucción, esto quiere decir que comienza a envejecer hasta llegar a no servir y por lo tanto a ser destruido para cerrar el ciclo. Esto mismo sucede con nuestros pensamientos, si no tenemos intención de mantener un pensamiento positivo, este pensamiento comenzará a convertirse en negativo para su destrucción. El gran problema radica en que estamos acostumbrados a mantener nuestros pensamientos negativos por más tiempo que los positivos y por lo tanto como se mantienen tanto tiempo estos pensamientos negativos vemos la **DESTRUCCIÓN** físicamente de nuestras vidas en lugar de ver la **CONSTRUCCIÓN** de nuestras vidas. En este principio radica literalmente nuestra existencia.

Sexta ley: Ley de causa y efecto.

Esta ley la ciencia ha podido demostrar científicamente. Para toda causa existe un efecto. Cada pensamiento es una causa y lo que vivimos es un efecto del pensamiento. Recordemos que si pensamos en falta de dinero, salud, felicidad, los efectos que derivaron de esa causa (pensamientos) se comienzan a mostrar en muestro plano físico. Es aquí donde nos debemos hacer la pregunta básica ¿Qué debo de pensar? La respuesta es más que elocuente, simplemente se debe pensar positivo para que los efectos de ese pensamiento positivo se muestren en nuestro plano físico.

Cada pensamiento y emoción derivan un efecto en nuestra vida, ese efecto es simplemente derivado de algo que lo provoco. Poniendo como ejemplo nuevamente el auto nuevo, si la causa es tener un auto nuevo y simplemente es auto nuevo, el efecto es que ese pensamiento se materializa como el efecto de un auto nuevo. Es sumamente importante que se comprenda cuidadosamente esta Ley universal.

Si nuestra causa (pensamiento) es ser el mejor ingeniero del mundo, el efecto resultante y físico es que verdaderamente vamos a ser el mejor ingeniero del mundo, el problema es que cuando decidimos ser el mejor ingeniero del mundo, nuestra causa de serlo poco a poco se va disipando y perdemos el rumbo, esto se debe a que nuestra causa solo fue: ser el mejor, y nos olvidamos completamente de las otras causas adheridas a nuestra causa principal. Esas causas adheridas pueden ser múltiples como: ingeniero + estudio + especialización + enfoque + esfuerzo + enseñanza + maestría… etc. Si nuestras causas no son completadas al 100% el efecto es el que sea completado hasta donde la suma dio. Ejemplo. Causa: ingeniero + estudio, efecto= ingeniero estudioso, si le sumamos las otras causas a esta primera parte nos daremos cuenta que tenderemos a ser los mejores ingenieros del mundo, si nos faltan causas solo llegaremos hasta donde indique nuestra causa, y por lo tanto el efecto será limitado a nuestra causa.

Es ahí donde el 97% de la población a nivel mundial no logra sus metas, ya que las causas son insuficientes y por lo tanto sus efectos son limitados.

Séptima Ley: Principio del Género.

Todo tiene su lado contrario, la mitad de la creación es masculina y la otra mitad es femenina. Esto lo entendemos cuando observamos cada cosa en el planeta, todo tiene un ensamble con todo, y la propia creación del hombre también utiliza esos mismos mecanismos de ensamble.

Los ejemplos al respecto son infinitos, pero daremos varios para identificar y reconocer que toda parte tiene si femenino y masculino.

Nuestro cerebro tiene dos hemisferios, un hemisferio está encargado de la parte creativa y emocional (hemisferio derecho), la otra parte es la encargad de lo verbal, lógico (hemisferio izquierdo), una característica es que el hombre como genero trabaja con el hemisferio izquierdo, y la mujer trabaja con el hemisferio derecho, es ahí donde podemos entender que las mujeres sean más sociables y sentimentales a diferencia de los hombres, pero también entendemos el por qué los hombres son más dados a dejar que sus pensamientos los dominen a diferencia de las mujeres. Las mujeres trabajan con la parte del sentimiento más que con la parte de la lógica y es ahí donde superan por mucho a los hombres por que utilizan mejor y más concretamente las leyes universales, por otro lado, los hombres se sienten más cómodos tratando de explicar el por qué suceden las cosas, mientras que las mujeres se sienten más cómodas teniendo Fe en que lo que desean se manifestará.

Sin tantos rodeos, en este planeta la vida es femenina que recibe y masculina que da, en el 99% de las ocasiones deben existir las dos partes para otorgar un nuevo ser con características similares.

Así mismo en el universo debe existir algo que da y otro que recibe. Este principio si se entiende tendremos la capacidad para crear a partir de recibir.

Hemos descrito las leyes universales que todo hombre debe comprender, pero además describiremos otras leyes que son secundarias a las leyes universales, son de importancia plena y cumplirlas nos darán la llave del éxito sin restricciones.

LEYES NATURALES SECUNDARIAS

Estas leyes son de igual importancia que los principios del Hermetismo (kybalión) En líneas anteriores indicamos las leyes del manuscrito Kybalión, donde se describían los 7 principios o leyes universales que se cree que fueron escritas por **Hermes Trimegisto (El tres veces grande).**

Las leyes derivadas de estas 7 primeras son el parte aguas para comprender aún más lo que los grandes maestros espirituales de la historia insistían y hacían énfasis en que, todo ser humano debe practicar.

Ley del control.

La ley del control es una de tantas leyes que, son infalibles, y no se equivocan. Esta Ley indica que toda persona que tenga control de sus pensamientos y sentimientos vivirá una vida plena y de gozo y justicia.

Tener control de sí mismo nos permite incrementar nuestra inteligencia, esto es debido a que si sabemos controlar lo que pensamos y sentimos tendremos la capacidad de analizar de forma optimizada y tomaremos las mejores decisiones al momento de actuar, a esto se le llama SER CONSCIENTE.

Si bien la Ley del Control aplica para cualquier situación positiva, también aplica para situaciones negativas, si la situación o circunstancia es negativa y se determina controlar esta situación, la ley actuara inequívocamente para la persona tome la mejor decisión.

Los ejemplos son parte fundamental para entender esta ley. Supongamos que vas en un automóvil a una velocidad controlada, y estás en compañía de un amigo, vas platicando amenamente, y cuando menos lo esperamos tu amigo dice algo que te molesta, en ese instante te surgen una serie de sentimientos que te van conduciendo a una molestia, tus pensamientos empieza a dispararse de una forma agresiva y cuando menos lo esperas estas tan molesto que pierdes la noción de que vas manejando con precaución, en ese momento de máximo enojo se atraviesa una persona y por poco es atropellada por tu automóvil, y cuando menos lo esperas te das cuenta que por un instante pudiste cometer un accidente.

Como puedes observar, en ese momento de enojo perdiste el control de todo acto digno de tu ser y al ser indigno de tus pensamientos desbordados perdiste el control de tu existencia y todas las leyes del universo inmediatamente se pusieron en acción para que tomaras nuevamente el control de tu vida enviándote esa señal de hacer pasar esa persona cuando menos lo esperabas, si persistías en ese estado de descontrol de tus pensamientos las leyes una vez más te mandarían un comunicado pero esta vez con características desastrosas para tu vida.

En pocas palabras las leyes mandan avisos varias veces antes de que se presenten con toda la carga energética para mostrarse tal y como son. ¡Esto también se es válido para pensamientos positivos!

Pongamos un ejemplo positivo de la Ley del Control. Supongamos que estás en una junta de negocios y uno de tus socios ha cometido actos administrativos ilegales, te das cuenta que se ha hecho mal uso de los recursos de la empresa. (Cualquier persona explotaría al saber que uno de sus socios está haciendo mal uso de los recursos financieros de la empresa) inmediatamente tomas el control de tus pensamientos y sentimientos, en lugar de explotar y sentirte mal, sientes amor y gratitud por saber que ese socio está haciendo actos ilegales, ¿Cuál crees que sería el resultado de ese control mental y sentimental al estar en la junta y darte cuenta del desfalco? ¡Perfecto, lo has intuido! Tu control te ha permitido tomar las cosas con mucha calma, y has actuado con amor y gratitud y por lo tanto tomaste la decisión correcta. Al final de la junta se tomó la determinación de despedir al socio del consejo administrativo, pero además le liquidaste económicamente conforme a las normas internas de tu empresa. ¡Si! Evitaste demandas engorrosas y no perdiste a tu amigo, pero si lo sacaste de tu vida sin ninguna carga de molestia y angustia perpetúa-emocional.

Toma atención en esto que te voy a platicar a continuación. **La Ley del Control actúa siempre acompañada de la Ley de Atracción, Ley de causa y efecto, Ley de la Sustitución y otras más, por lo que deberás comprender que las leyes universales siempre estarán actuando en sincronía con tus pensamientos y sentimientos.**

Ley del Accidente.

Es común que más del 97% de las personas no planifican su día a día, y llevan su vida a la deriva como si fueran un bote sin remos en el inmenso océano y pidiéndole a Dios que les ayuda para llegar a destino.

También es común que no se sepa planificar, puesto que jamás nos enseñaron a hacerlo. La planificación de las actividades diarias permite que no existan contratiempos, o incertidumbre al momento de llegar a destino y por lo tanto, el accidente derivado de la no planificación se conviene en acierto.

Esta ley nos dice que cuando no planificas en verdad si estas planificando tu día a día, pero lo planificas el Fallo, y por lo tanto en nuestro mundo material le llamamos **ACCIDENTE.**

Hace años atrás, estando en un campo de chile (pimiento), observé a un productor manejando un tractor con su implemento surcador, me di cuenta que estaba haciendo surcos con en zigzag. Al terminar de surcar sus tierras me acerqué a él y le pregunté el por qué hacia esa forma en sus surcos, a lo cual me contestó que las había realizado de esa manera porque en el cerro que está a unos kilómetros de ese lugar había sido deforestado y por lo tanto en temporada de lluvias la venida de agua iba a incrementar bastante y si no planeaba su estrategia para asegurar que su cultivo no fuera arrasado por la corriente se iba a perder la cosecha de ese año.

Pasaron varias semanas y comenzó la temporada de lluvias y, adivinen que fue lo que vi cuando regrese nuevamente a ese lugar, pues como te lo has imaginado, las tierras de cultivo de los alrededores que no planearon su estrategia de surcada vieron sus cosechas perdidas por inundaciones y las tierras del agricultor que hizo surcos un tanto extraños para mí, no sufrieron ningún daño, y, entendamos esto; El agricultor que planeo desde un primer momento cuando vio lo que podía suceder en sus tierras debido a esa deforestación, la Ley del Accidente actuó de acuerdo a su plan, que fue un accidente sin accidente, y los que no planearon dada su creencia en que a lo mejor no pasa nada, pues perdieron toda la producción de ese año y la Ley del Accidente efectivamente cumplió su cometido, y fue un accidente catastrófico.

Esto nos hace reflexionar respecto a que es un **Accidente** y lo podemos definir en: **Un suceso imprevisto que altera la marcha normal o prevista de las cosas debido a un fallo voluntario inconsciente.**

De acuerdo a esta **Ley del Accidente,** todo es un suceso imprevisto que puede ser positivo o negativo, y hacer planes es lo que nos permite que los accidentes siempre sean sucesos positivos.

En una ocasión transitando en mi motocicleta por una de las avenidas principales de la cuidad donde vivo, repentinamente una mujer en su automóvil se cruzó en rojo el semáforo y por poco me golpea, a lo cual yo tranquilamente le dije que tuviera precaución por que podía provocar un inconveniente para mí y para ella. La reacción de la mujer fue de insultos y gritos por haber hecho observación; como es de esperar yo no entre en su juego y mantuve el control de la situación. La mujer seguía insultando y gritando sin cesar hasta que su frustración y enojo por no engancharme en su pensar, provoco un accidente vial que le costó varios miles de dólares y un rato en los soparos policiacos.

Es claro que esta mujer planeo su accidente meticulosamente de forma inconsciente, La ley del **Control**, hizo su parte más la **Ley del Accidente**, acompañado de la **Ley de Atracción**. Como vez es muy frecuente que apliquemos estas leyes sea inconsciente o conscientemente, el hecho es que podemos siempre aplicarlas a nuestro favor o en contra nuestra, y por ser leyes, no fallan, así como la ley de la gravedad no falla, y la podemos aplicar a nuestro favor tal es el caso de que inventamos aviones, así las otras leyes las podemos aplicar a nuestro favor si las conocemos cuidadosamente.

Ley de la Creencia.

Como todo en esta vida humana, una parte fundamental del crecimiento, son las **Creencias**. Las creencias forman parte importante de nuestros pensamientos, de hecho, los pensamientos son solo creencias que en conjunto fortalecen una idea respecto a lo que vemos, sentimos, escuchamos, degustamos, y refuerzan sentimientos de todo tipo.

Creer en algo, no significa que sea verdadero o falso, solo es una situación, cosa o momento que determina nuestro pensar respecto a eso.

Creer en algo que no sea visto o no sea sentido, no quiere decir que no exista en el plano físico, de hecho, eso que no **Crees** es porque lo **Crees**, ¡Y cómo es esto! Pues te diré, que aunque no creas en algo respecto a tu vida, que puede ser, amor, dinero, felicidad, tranquilidad entre muchas más, con el simple hecho de decir que no es que crees que no es y por lo tanto las Leyes del universo actuaran conforme a lo que estés creyendo.

Un ejemplo sombre esta ley, es cuando decimos que no creemos en **Dios**, paradójicamente es que es verdad, porque creemos que no creemos en Dios. Tan simple es que, si creo que no creo, entonces pierden criterio tus pensamientos y terminas creyendo en lo que no cree. En pocas palabras todas aquellas personas que dicen no creer en Dios, es que en verdad ¡**Sí**! creen que no creen y lo único que hacen es engallarse a sí mismos con los resultados.

Esto también aplica para cualquier actividad deseada de la vida cotidiana. Otro ejemplo es cuando adquieres algunos libros, audio libros o vídeos de superación personal, en ellos te hace que te digas a ti mismo que **¡Si Puedo! ¡Soy el Mejor!, ¡Soy Rico! ¡Tengo Abundancia en la vida! ¡Hoy sucederá algo Maravilloso!** Entre infinidad de frases más.

¿Y por qué no funciona esto? ¿Por qué las personas siguen viviendo igual? ¿Por qué muchas personas no se superan a pesar de practicar y practicar las frases?

¡La respuesta se encuentra en tus CREENCIAS!

"Tu vida, es el reflejo de tus creencias..." ¿Si has escuchado esa frase?

Pues, **la Ley de la Creencia** aplica en todo momento en tus pensamientos seas o no consciente. De hecho, el 95% de nuestros pensamientos diarios son inconscientes, y están basados en una serie de creencias que están determinando nuestra vida.

Tus creencias quieras o no, creas o no, determinan como estas viviendo, cuanto amor das y recibes, cuánto dinero ganas, si eres feliz o no, todo eso que vives simplemente es 100% de lo que son tus creencias.

Sabiendo esto, entendemos ¿Por qué la gente de éxito es amigo, compañero o socio, de otro de su mismo nivel socioeconómico, el por qué un cantante de éxito tiene, amigos, socios, compañeros cantantes de éxito o personas de éxito del mismo ramo? Recuerda que aplica para todo en la vida.

Ahora realicemos un ejercicio para darnos cuenta de, qué tan exitosos somos en nuestra vida, pero además tener los parámetros para posicionar una referencia de qué tan lejos queremos llegar en esta vida. Quiero darte las mejores armas del mundo y por lo tanto deseo de todo corazón que aprendas y desarrolles el potencial que existe dentro de ti: **Amor, Dinero, Felicidad es la clave del éxito, si alguna falta en tu vida, aun no lo tienes**

Déjame decirte que la verdad duele, y quieras o no, eso es lo que te está deteniendo para desarrollar una empresa fenomenal, y en el plano físico igual.

Al hacer el ejercicio, no te mientas a ti mismo, simplemente es para que te des cuenta que no eres exitoso por más que te digas tu que sí lo eres, si lo fueras, no estarías leyendo este libro, te aseguro que estarías escribiendo uno similar o mejor, mucho mejor.

Este libro lo escribí después de que pude comprobar y manifestar la abundancia en mi vida bajo los principios de las Leyes Universales, de lo contrario no tendría caso escribir algo que no funciona.

Ejercicio:

1. Observa a tu alrededor y date cuenta el tipo de lugar donde vives y la casa donde vives. Anota tu registro.
2. ¿De qué hablas con tus amigos? Registra los datos
3. ¿De qué hablas con tu pareja? Registra los datos.
4. Verifica que logros han tenido tus amistades y compáralos con los tuyos. La comparación debe ser algo similar o que de un equivalente de valor similar.
5. Cuánto dinero manejas en un año y compáralo con el dinero que manejan tus amistades. Anota los datos.

Nota: No te engañes al momento de querer comprar una casa de interés social con una casa de construcción propia, si quieres compara lo que tienen tus amistades con lo que tú tienes, es más fácil que te des cuenta que ellos no tienen lo que tú si tienes que en escancia tienen el mismo valor.

Al terminar este ejercicio pregúntate si realmente es cómo quieres vivir para siempre o si quieres algo mucho mejor para ti y tu familia.

¿Ya tienes tu resultado?

Te darás cuenta que si sacas el promedio es prácticamente lo mismo para todos.

Te pregunto… ¿En verdad estás bien en Dinero, Amor y Felicidad?

Si crees que estas bien, y no tienes nada que te anime a ser mejor de lo que ya eres, ¡Agarra este libro y regálaselo a quien si quiera ser rico, amado, bendecido, y felizmente realizado! Por mi parte es todo.

¡Ah! ¡Qué bien! Pensé que si estabas muy bien en tu vida. Te agradezco que te dieras cuenta que no es de la forma que quieres vivir y mucho menos para siempre.

¡Continuemos con las leyes universales!

Ley de la Expectativa.

Esta ley nos dice que lo que se crea en el plano metal se consigue, y a propia profecía de que es verdad hace que sea realidad cuando se acompaña de Fe.

¿Qué es la Fe? Esta palabra es comúnmente confundía con religión con algo que se dice que sucederá por obra de Dios. Si bien es obra de un poder supremo, no funciona si no hacemos nada al respecto, si nos cruzamos de brazos y esperamos que aparezcan situaciones, personas o eventos que nos indiquen el camino para alcanzar lo que queremos, créanme que esto jamás sucederá.

La Fe es simplemente un cúmulo de información verdadera que al aplicarla nos va a dar una verdad absoluta y no habrá nada o nadie que pueda desmentirla, y al no haber nada ni nadie que pueda desmentirla entra en acción la Ley de la Expectativa, o sea, lo esperado.

Cuando estamos a la expectativa de lo que puede suceder sin que antes tengamos una información verdadera que respalde eso que esperamos entonces esta ley sin importar lo que hagas te dará lo que no esperas, sin importar que tengas una supuesta Fe inquebrantable de que sucederá lo que quieres.

Lo anterior se resuelve con conocimiento verdadero. Pongamos un ejemplo sobre esta ley:

Cuando estaba estudiando la carrera profesional, muchos de mis compañeros en los exámenes indicaban que tenían mucha Fe, de que les iba a ir bien en ese examen, a lo cual yo les preguntaba que si estaban seguros de que iban a pasar el examen solo teniendo Fe.

Ellos en un tono de sarcasmo me decían que creyera en que las cosas podían suceder sin hacer nada. Presentábamos los exámenes y el resultado era que por más Fe que tenían en que si iban a pasar el examen, el resultado siempre era calificación reprobatoria.

En aquellos años, aun no entendía mucho de estas leyes, pero sabía que para pasar un examen se requería estudiar los temas y posteriormente realizar una serie de exámenes de conocimiento para saber que tanto había entendido sobre ese tema.

Ahora entiendo mucho de estas leyes y te puedo asegurar que no fallan.

En una ocasión ya llegando el final del curso estudiantil, me senté con mis compañeros a estudiar el curso completo para poder aprobar el examen de graduación; ya estando en estudio profundo del tema, nos dimos cuenta que los problemas matemáticos tenían una serie de errores de cálculo que ni el propio profesor sabia que existían. Nos dimos a la tarea de resolver de forma correcta ese problema matemático y así poder entregar satisfactoriamente un resultado verdadero. Nuestra sorpresa fue que cuando nos llegaron las calificaciones ese problema matemático lo teníamos reprobado. Inmediatamente iniciamos el reclamo con el profesor para que nos explicara el por qué nos había puesto mal ese ejercicio y su contestación fue: *Si son capaces de resolver este problema, también son capaces de resolver su calificación.*

Como es de esperar nos sentimos abrumados y completamente fracasados en ese instante. Al paso de los días nuevamente presentamos el mismo examen y ahora nos dimos la tarea de resolver el mismo problema, pero con las fallas correspondientes. Nuestra sorpresa llego cuando la calificación fue de 100.

Sin esperar más fuimos con el profesor a que nos explicara el por qué haciendo las cosas mal teníamos 100 y haciendo las cosas bien teníamos 0. El simplemente nos dijo: *Su expectativa de que lo iban a pasar fue del 100% porque sabían que así siempre se ha calificado ese examen, y su expectativa de que tuvieran 100 haciendo los ajustes pertinentes era de incertidumbre, por lo que ahora saben que en este sistema hacer las cosas que funcionan realmente no se trata de que sean correctas o incorrectas, solo se trata de saber que juego se está jugando, y así va a suceder a partir de este momento cuando se oferten como ingenieros.*

En pocas palabras cuando hablamos de tener Fe, simplemente es conocimiento pleno de que el juego así se juega y nada ni nadie lo puede cambiar, y la Ley de la Expectativa se cumple por el hecho de que es lo que esperamos que llegue, o sea, somos espectadores con pleno conocimiento de lo que va a suceder y nos podemos integrar al juego a voluntad si así lo deseamos porque siempre tenderemos a esperar lo mejor.

Ley de la Atracción.

Esta ley es la más conocida de todas, no porque sea más importante que las demás, sino que es la que más se le ha dado énfasis ya que es la que manifiesta todas las demás, pero esta ley no es funcional si las otras no están presentes.

La ley de la Atracción funciona independientemente si se está vibrando positivo o negativo, su principal elemento es el pensamiento subconsciente. Quieras o no esta ley atraerá todo lo que estés pensando durante el día. Recordando que el 90% o más de nuestros pensamientos del día son inconscientes, podemos decir que por lo regular nunca nos damos cuenta que es lo que estamos pensando y si lo supiéramos confirmaríamos que es eso mismo que estamos atrayendo.

Muchos personajes de la historia han dicho que esta ley es la que manifiesta nuestros pensamientos queramos o no, y que es por medio de nuestros sentimientos lo que lo hace que sea inmediatamente la manifestación.

Una vez más diremos que el 90% o más de nuestros pensamientos diarios son inconscientes, y si son inconscientes entonces no nos damos cuenta de nuestros sentimientos en ese momento, por lo que, si nuestros sentimientos son los que atraen a nuestra vida lo que estamos pensando, entonces tenemos que estar atentos de cómo nos sentimos a cada momento.

(En el aviso del autor en la primera página de este libro, encontraste la leyenda: **En esta obra encontraras, si pones atención, una herramienta básica que todo empresario de super éxito aplica. Si no la encuentras, se te explicará al final.** Pues déjame te explico por qué hice esto. Lo máximo que he aprendido de mis mentores, es jamás CRITICAR. En este libro se dejaron de manera intencionada, muchos errores gramaticales y ortográficos para que tú detectes tu nivel de crítica hacia otras personas que hacen lo que tú eres incapaz y jamás lo harás. Yo quiero de todo corazón ayudarte y es el por qué publique este libro. Si ya detectaste esos errores y comenzó tu vocecita interior a criticar, eso es indicativo de que en realidad tienes un gran pero gran problema para ser un empresario exitoso y lo primero que deberás hacer es trabajar en esa parte de tu pensamiento, de lo contrario será imposible que puedas asimilar el contenido de este libro y será tu pata de palo toda tu vida. **Un empresario de éxito, jamás se fija en los errores, solo se fija en el contenido y aprende**. La CRITCA, es lo que siempre se nos han enseñado, siempre aprendimos a fijarnos en los errores y no en el contenido de esa experiencia, si eres de esos, estas fuertemente programado para evitar que nuevas posibilidades puedan cambiar tu vida, y lamento decirte que todo lo que has leído no lo vas a practicar, o… demuestra lo contrario.)

Continuemos...

Es muy fácil darnos cuenta de cómo funciona esta ley. Cuando nosotros estamos pensando conscientemente sobre algo que nos gustaría tener, hacer o ser, al momento de imaginarnos eso, tenemos un sentimiento positivo o negativo según sea el tipo de pensamiento consciente que estemos teniendo, si el sentimiento es agradable siempre vamos actuar de forma agradable y eso para las demás personas es un síntoma de buen carisma por parte nuestra, y el actuar de las demás personas siempre va a ser de amabilidad, por el contrario si tenemos un sentimiento de miedo, enojo, molestia, prepotencia o ignorancia, las demás personas van a detectar ese sentimiento de forma intuitiva y van a actuar de esa misma manera hacia nuestra persona. Nosotros sabemos que somos conscientes de ese sentimiento y por lo tanto sabremos el por qué las demás personas actúan de esa manera.

El problema se encuentra en que el 90% de nuestros sentimientos no los detectamos de una forma consciente y por lo tanto vamos a actuar con un sentimiento positivo o negativo según sea el caso de pensamiento, y a su vez, los resultados de ese actuar van a ser tomados o rechazados por las demás personas, y es ahí donde la Ley de Atracción hace su función, que es atraer todo lo que en nuestro pensamiento inconsciente se está proyectando.

Para entender más esta función de la Ley de Atracción debemos de saber que la mayor parte del tiempo somos completamente inconscientes de lo que estamos pensando y que los pensamientos son derivados de nuestro subconsciente. El subconsciente es toda aquella información que la hemos dado por verdadera y que según nosotros no es necesario conscientemente verificarla.

En pocas palabras esa información del subconsciente son las **CREECIAS.** Los ejemplos más clásicos para entender las creencias son aquellas como: *Ya lo sé, mañana lo hago, está muy caro, soy demasiado tonto, no lo sé hacer, si me mojo me enfermo, dios te va a castigar, pide que te vaya bien, entre una infinidad más*. Y los podemos representar como un pensamiento insistente que por más que sepamos que lo podemos cambiar siempre recurríamos a ellos.

Por ejemplo, si en lugar de decir "Ya lo sé", dijeras "Lo voy a aprender, lo voy hacer o simplemente no contestaras nada", verías que el significado del sentimiento se alinearía a tu **Yo** y sentirías una sensación de paz y calma, y al estar en ese sentimiento de paz y calma comprenderías muchísimo más aquello que estás viendo o escuchando, pero además encontrarías el significado verdadero y por ende la solución verdadera.

Como siempre, nos han acostumbrado (la familia) durante tantos años a seguir una serie de creencias que están arraigadas como virus en nuestro pensamiento, y esa es la razón por la cual; **creemos en no creer, creemos en no poder, creemos en no saber, creemos en no entender, creemos en no aprender, creemos en no conocer, y, para nuestra defensa, nos protegernos diciendo que sabemos, conocemos, hacemos, logramos, pertenecemos, cambiamos, y justificamos una y otra vez nuestros males como si estos fueran nuestro destino o como dicen comúnmente; Dios así lo quiso.**

Pues la Ley de Atracción, como ella misma lo dice, atraeremos a nuestra vida todo lo que estemos pensando y sintiendo independientemente si es bueno o malo para nosotros.

Hace algunos años instale un equipo automatizado de riego en una zona residencial bastante exclusiva de la ciudad donde vivo. Por ser una zona bastante pudiente, me pidieron que le instalara la mejor tecnología de riego, ya que no estaría el personal de mantenimiento tanto tiempo al pendiente para poder regar.

Pasados los días me hablaron para indicarme que el sistema de riego tenía algunas fallas porque no estaba respetando los riegos programados en los sectores seleccionados. Inmediatamente acudía a verificar la programación de riego y me di cuenta que estaba con otra programación que no era la adecuada, procedí a reprogramar el sistema y configurarlo correctamente.

Al paso de unos días nuevamente me llamaron para darme el mismo detalle de error del equipo, pidiendo que se los cambiara ya que no estaba funcionando adecuadamente. Yo accedí a cambiar el equipo electrónico, nuevamente reprograme los sectores de riego y realice el check in para verificar que todo estuviera funcionando adecuadamente.

Nuevamente me hablaran unos días después de haber cambiado el equipo temporizador alegando que seguía fallando, cuando lo revisé me di cuenta que estaba con la misma programación del equipo anterior. En ese instante pude intuir que estaban boicoteando mi trabajo, pero no sabía porque o quien lo estaba haciendo. **(Para poder explicar esta parte déjame contarte que durante todo el proceso de instalación y programación mi pensamiento estaba siempre en intriga y frustración de que no fueran a manipular**

incorrectamente el programador y que posteriormente me dijeran que no servía.)

Lo que primero que hice es pensar quien o quienes le estaban moviendo al temporizador de riego y el por qué lo estaban haciendo. Me di cuenta que cuando lo estaba programando, una de las personas encargadas del cuidado del equipo me decía una y otra vez que él no sabía cómo se manejaba y que le era demasiado complicado poder hacerlo. Yo inconscientemente le decía que; ni por error, se le ocurriera moverle estos botones.

Cuando puede recordar esa actividad le pedí al jefe de mantenimiento que si me podía enseñar lo vídeos del cuarto de control donde se instaló el programador de riego para verificar si alguna persona le estaba moviendo, y efectivamente, fue la persona a la que le decía una y otra vez que no apretara esos botones ni por error.

Con este ejemplo podemos comprobar la efectividad de la Ley de Atracción. Yo al estar pensando y sintiendo temor porque me fuera a salir mal el trabajo, actuaba inconscientemente y preparaba a otra persona para que boicoteara mi trabajo una y otra vez, la persona que boicoteaba mi trabajo también inconscientemente lo hacía ya que yo la estaba programando para hacer esa actividad. En pocas palabras le decía que lo hiciera sin que se diera cuenta.

Cuando por fin supimos que esa persona era la que le estaba moviendo al sistema de riego, le indicamos ahora todo lo contrario para que su creencia de que no sabía programar la cambiara a la de que si sabía programar. Lo que hice fue lo siguiente: cuando estaba reprogramando nuevamente el sistema de riego le indiqué a esta persona que era él, el mejor programador del mundo y que si el programa fallaba, él lo podía arreglar. Esta persona estaba completamente asustada cuando le di la tarea de reparar el sistema si fallaba, al paso de los días ya no falló el programador de riego y nuevamente le pedí al de vigilancia que me mostrara videos cuando esta persona se acercaba al programador, y la sorpresa fue que, ni si quiera tocaba los controles y solo veía los indicadores y se retiraba.

Con esta historia podemos comprobar que la mente humana está programada para hacer actividades inconscientemente y que si, nos damos cuenta que podemos cambiar la programación de nuestro pensamiento por una que nos lleve hacia donde queremos llegar, entonces, estaremos seguros que todo lo podemos lograr, independientemente del país, región, lugar o situación en la que estemos actualmente viviendo.

La ley de Atracción siempre te va dar lo que estés pensando y sintiendo la mayor parte de tu día. Atraerá a ti, personas, eventos, circunstancias, momentos, para hacerte la vida fácil o difícil según sea como estés pensando y sintiendo.

La mayoría de las personas siempre se preguntan el por qué no tienen los recursos suficientes para satisfacer todas las necesidades que les plazcan, y la respuesta a esta pregunta es tan simple que, si supieras que eso es lo que estás pensando siempre, te darías cuenta que eso es lo que estás viviendo siempre, que es en un estado de falta de recursos suficientes para poder satisfacer tus deseos.

Por eso, te insisto uno y otra vez, **que pienses en una empresa como si ya lo tuvieras y sientas esa sensación de que ya estás disfrutándolo**, porque si lo haces, inconscientemente harás todo lo posible por tenerlo y te darás cuenta que ya lo tienes cuando menos lo esperes.

Así funciona esto, si lo crees lo tienes en tus manos, porque el subconsciente así trabaja, con creencias solamente. Si crees que puedes, efectivamente si lo puedes, pero si crees que puedes con pensamientos de duda, jamás vas a poder, porque los pensamientos de duda son programaciones que te dicen que no lo hagas porque estás más cómodo sin hacerlo. Esos pensamientos de duda es la vocecita que siempre nos está diciendo que hacer y qué no hacer, esa vocecita es la culpable de todo lo bueno y lo malo que vivimos, cuando esa vocecita está entrenada con un programa verdadero siempre nos va a hablar con la verdad, pero si está entrenada con programas falsos, siempre nos va a decir mentiras y es, por eso, que vivimos sin abundancia, amor, felicidad, etc., porque la vocecita nos miente siempre, y esa vocecita es mentirosa en el 90% de las personas.

Cuando piensa y sientes felicidad, amor, gratitud, armonía, tus sentidos se afinan y lo que vas a escuchar, ver, sentir, oler, son esas situaciones que estás pensando, y esa es la magia de la Ley de Atracción, que tu vas a atraer eso a tu vida porque así estás actuando, y serán, las personas, circunstancias, momentos, situaciones, que empaten con eso que sientes y piensas, por lo que como te has dado cuenta la magia solo son programas adecuados en tus pensamientos.

Ahora, ¿Qué debo hacer para que esta ley funcione en mi vida? La respuesta es tan simple que no creerás que solo eso debes hacer para pasar de una vida de sufrimiento a una vida de abundancia.

La mayoría de las personas se estancan en estas acciones por qué no creen que sea tan simple, y espero que tu no seas de ese 90% de personas estancadas.

¡Esto es lo que debes hacer!

1- Deja de mentirte a ti mismo, **¡Sí!,** te mientes tanto que crees que así son las cosas, crees que naciste solo para tener hijos, y trabajar como esclavo toda tu vida, crees que es solo casase, reproducirse, trabajar, escuchar noticias, ver televisión, reunirte con tus amigos, ir al cine, etc., etc., etc.. todo eso son porquerías, solo son estupideces de tu comunidad. Tú puedes hacer mucho más que eso, pero no lo haces porque eres un cobarde, que no tienes la agallas para decirte a ti mismo "Basta" no quiero esto, no quiero seguir así.

2- Estudia, todo lo que puedas sobre lo que te encanta hacer, no escatimes en gastos, si quieres ser el mejor tienes que estudiar para ser el mejor, compra libros, compra tutoriales sobre los temas que te apasionan, déjate de estupideces y conviértete en tu mejor versión todos los días. ¿Me vas a decir que no tienes dinero para comprar esos libros y tutoriales? Pues ponte a vender goma de mascar, vende zapatos, emparedados, cualquier cosa que te haga ganar unos dólares extras para comprar tu futuro, déjate de lamentarte y actúa ya, que el tiempo es lo único con verdadero valor que tienes en la vida.

3- Ve algunas películas de éxito como; Buscando la felicidad protagonizada por Will Smit"; Nemo, aquel pez payaso que no para hasta encontrar a su hijo a pesar de todas las situaciones adversas que enfrenta; Avengers, Ciencia ficción que tiene como tema jamás rendirse, y muchas películas más. Estudia esas películas, evita verlas solo para divertirte, encuéntrales el sentido. Veras que solo es persistencia y no parar hasta conseguirlo. El 90% de las personas se rinde antes de empezar y se rinde porque no cree en si mimo, porque esa maldita vocecita les dice que eso no es posible, que están más cómodos como están y que ya se llegará el día en que alguien de dinero les deje su fortuna, en que encontrarán a su media naranja, en que se curarán de su enfermedad, en que volverán los tiempos de las vacas gordas, en que se sacarán la lotería, y te diré, que jamás de los jamases va a suceder eso.

Solo eso necesitas saber para comenzar a crear tu vida como Dios Manda no como te han hecho creer que debe de ser.

Ley de la Correspondencia.

Como es arriba es abajo. Como es en tu pensamiento es en tu vida. Cada pensamiento, cada sentimiento, están conectados con nuestros resultados, si tenemos resultados mediocres es porque nuestros pensamientos son mediocres y estos a su vez son reforzados por nuestros sentimientos de miedo y codicia.

Cada cosa corresponde a cada cosa. Si eres de esas personas que para todo tiene excusas y para todo tienen una contestación, es porque así es tu pensamiento, tu sentimiento y todo en tu vida.

Cuando estas completamente angustiado, desesperado y falto de energía, es que eso mismo está en tu pensamiento. Tus pensamientos sin rumbo, sin causa, sin propósito, te dan una vida sin rumbo, sin causa, sin propósito. Es muy frecuente que aquellas personas que de todo se están quejando, de todo se están molestando, de todo se están angustiando, es porque así están pensando.

Recuerda que todo corresponde a todo. Tus pensamientos corresponden a tus sentimientos y a su vez, estos corresponden a tus acciones, y así todo el tiempo, y hasta el tiempo por si mismo va a corresponder a lo que estás pensando.

Cuando estaba en la universidad, mis pensamientos en un momento fueron pensamientos de desesperación por no poder pagar las colegiaturas, y el resultado fue que efectivamente siempre me veía en esa dinámica de que nunca tenía dinero para pagar las colegiaturas y siempre al final lo conseguía, y lo conseguía por que cambiaba mis pensamientos a pensamientos de acción, esa acción hacía que me activara como cada fin de mes y hacia trabajos de todo tipo para conseguir el dinero.

Fue esta que entendí que era lo mismo cada mes, y comencé a pensar si era necesario ese martirio, por lo que tomé la acción masiva, y decidí que todos los días tenía que hacer algo para conseguir el dinero, y así fue, comencé la acción masiva, todos los días hacia cosas que me dieran dinero, y el logro fue que cada mes al llegar el pago, contaba con dinero suficiente para estar tranquilo.

Mis pensamientos ya correspondían a mis ingresos, y mis ingresos ya correspondían a como estaba viviendo.

Es tan claro como el agua, si tus pensamientos corresponden a tu objetivo, seguro conseguirás ese objetivo. No es otra cosa que solo pensar en hacer, hacer, hacer, y acompañado de la dicha de aprender a ser mejor cada día, sin duda el ingreso económico será mejor cada día.

Así mismo sucede con una empresa, si tus pensamientos están alineados con las acciones de tu negocio en forma positiva, seguro que cada día tendrás una empresa mucho mejor que el día anterior y continuará creciendo mientras sigas con esos pensamientos positivos.

Los pensamientos positivos acompañados de sentimientos positivos, corresponden a todo lo que la vida puede ofrecer: Salud, Dinero, Amor, es la triada infalible de la abundancia.

Ley de la actividad Subconsciente.

Como ya hemos dicho, el inconsciente es el que está determinando nuestra situación actual, y es aquí donde todo encaja en todo. Cada pensamiento, cada sentimiento, encaja perfectamente con cada momento de nuestra vida. Si en algún momento recuerdas como lograste eso que tanto anhelabas verás que eso, es exactamente lo que estuviste pensando mucho tiempo y no dejaste de pensarlo hasta que lo conseguiste.

En este momento llegaste hasta aquí, eso quiere decir, que tú subconsciente está buscando respuestas o simplemente está queriendo algo, y ese algo, está anclado en tus pensamientos más profundos donde el pensamiento consciente no tiene acceso.

Esta ley se rige bajo el principio de que como piensas vives, y te da todo lo que en tus pensamientos profundos (programaciones) deseas o rechazas. Para las leyes no existe lo bueno o malo, solo existe lo quieres o lo quieres.

En una ocasión estando con mis padres en una fiesta organizada por mi hermano mayor, una de mis cuñadas a la que todo le sale mal, comenzó a decir que, ojalá no llegaran los pájaros y comieran el bocadillo se habían colocado sobre mesas en el jardín, era tanta su angustia que tenía más de 45 minutos blasfemando con gritos desesperados que los pájaros se tragarían los bocadillos ¿si has visto las parvadas de pájaros negros de pico largo que durante la tarde noche se aglomeran en los árboles? Pues a estos pájaros en la ciudad donde vivo les decimos Chanates. Para no hacerla muy larga, mi cuñada desesperada intentando hacer que los pájaros no se comieran esos bocadillos comenzó a regar granos de arroz y maíz para que los pájaros no se dirigieran hacia la comida, sino que mejor pepenaran esos granos regados; como te das cuenta, los pájaros comenzaron a bajar y en lugar de picotear los granos comenzaron a picotear los bocadillos. En pocos minutos había más de 10 pájaros sobre la mesa, mi cuñada desesperada comenzó a tratarlos de espantar con una escoba y la historia imagina como terminó.

Lo que te he contado es real, sucedió en mi familia, y ahora que ya conoces esta anécdota de mi familia será más fácil que comprendas el funcionamiento de esta ley de la Actividad inconsciente.

Recordemos que el pensamiento inconsciente no reconoce las palabras **"SI y NO"** solo reconoce la acción o sea los verbos. Mi cuñada puso el foco en que los pájaros se iban a comer los bocadillos; si bien se enfocó en ese pensamiento, conscientemente solo reconocía el "NO" "No quiero que los pájaros se coman los bocadillos" pero inconscientemente el cerebro solo entiende **¡Quiero que los pájaros se coman los bocadillos¡** como el cerebro solo conscientemente reconoce el No y Si, e inconscientemente no los reconoce, pues como mi cuñada al estar en un estado de frustración y enojo, fue incapaz de actuar conscientemente y comenzó a hacer todo lo posible para que los pájaros comieran bocadillos: ella les indico a los pájaros con su acción inconsciente (dándoles esos granos) que los pájaros encontraran la comida disponible en las mesas, aunque mi cuñada no lo sabía, ella bajo el estado de vibración, actuó de manera imprudente provocando la catástrofe.

Pues esta ley se presenta seas consciente o inconsciente de tus acciones, por eso es que debemos siempre estar atentos a lo que estamos pensando y ser conscientes de lo que vamos hacer antes de hacerlo.

Todo el tiempo estamos haciendo las cosas de forma inconsciente, y te puedo asegurar que es el 90% de los pensamientos de cada día. Es aquí cuando debemos de revalorar cada una de las creencias que tenemos, es en este punto que debemos de ser CONSCIENTES de lo que estamos pensando a cada minuto para de esa manera podamos tomar las mejores decisiones.

La ley de la Actividad Subconsciente jamás falla y te aseguro que todo lo que pienses de forma inconsciente, tu harás todo lo posible por que suceda sin importar que NO lo quieras.

Esto nos demuestra que si tenemos conocimiento de cómo funcionan nuestros pensamientos subconscientes, podremos modificar nuestras creencias para así, modificar nuestras acciones y que estas acciones nos lleven por el camino que queremos el resto de nuestras vidas.

Es ahí cuando entendemos las frases ya trilladas de muchos libros como son: **"Pide y se te dará" "Así como piensas, así son tus resultados" "No puedes servir a dos amos a la vez" "Cada quien, a su cada cual" "como piensas, vives" "Dale la mano y trataran de quitarte la pierna" "No des de comer, enséñalos a pescar"**

Espero que con este ejemplo tomes acción de tus pensamientos y los modifique para bien de ti y tu familia. Esto aplica tanto para la construcción de tu emprendimiento, así como para la construcción del camino hacia la abundancia en **Dinero, Amor** y **Felicidad** en tu vida.

Ley de la Concentración.

Esta ley da como resultado las cosas materiales. Cuando tomas acción, concentrado en los resultados con propósito, todo lo que estás construyendo en tu pensamiento seguro terminará materializado.

Esto no es otra cosa que fijarse una meta y no perder el rumbo hasta conseguir eso que quieres. Cuando me decidí a ser el mejor agricultor urbano de mi país, mi meta siempre fue que iba a ser el mejor de lo mejor, siempre estaba pensando en cómo se sentía dar conferencias, capacitaciones, talleres, ser reconocido por la comunidad, y muchas cosas más, jamás pensaba en los obstáculos que pudieran presentarse delante de mí, tenía Fe **(La Fe, es solo la confianza apoyada del conocimiento y pensamientos positivos, más sentimientos positivos de que estoy seguro de que lo voy a lograr, en pocas palabras: conocimientos que funcionan y si funcionan no tenemos por qué dudarlo)** rotunda de que lo iba a lograr. Para lograrlo tuve que ser consciente de que el universo bajo ciertos principios y leyes que, si se conocen a plenitud, el éxito está completamente asegurado para todas las personas que lo desean.

Cuando sabemos que La ley de la Concentración actúa en tu vida, no podemos fallar, sea para bien o para mal. Mientras más estés pensando en algo, más me estoy concentrando en ese algo, y por lo tanto más foco estoy poniendo en ese algo, y más ese algo llegara, por el simple hecho de que estamos afinando nuestros sentidos a que ese algo se presente.

Es muy fácil darse cuenta de que estamos en foco de ese algo, pongamos como ejemplo lo que actualmente está sucediendo en nuestro México: Hoy en día estamos siendo bombardeado en los medios de comunicación, de todos los índoles de hechos lamentables, nos bombardean con noticias de robos, secuestros, asesinatos, corrupción, guerras, devastaciones naturales, etc. con todo esto, nuestro cerebro solo admite ese tipo de información, por lo que esa información comienza a afinar nuestros sentidos en esos temas, el tacto, el oído, la vista, el olfato, se afinan para detectar esos hechos por que lo único que escuchamos, vemos, olemos, sentimos es eso. Al estar sometidos voluntariamente solo a eso, nuestros sentidos toman acción y deciden ser unos expertos en eso, y es ahí porque solo le tomamos atención a esas notas, y es debido a que nuestro cuerpo solo conoce eso.

Este ejemplo lo podemos asociar con aquellos que son carentes de el sentido de la vista, como carecen de ese sentido los demás sentidos se afinan para compensar la falta de uno, y por lo tanto se hacen más susceptibles a esa información del exterior. Es lo mismo que le pasa a una persona que carece del sentido del oído, su sentido de la vista se afina más, así como el del tacto y por lo tanto ve más, palpa más detalles que la persona que si escucha, y esto es debido a que tiene que compensar la falta del oído.

Como ves, esta ley concentra absolutamente todo a falta de, por lo que si tú vives en un estado de ánimo negativo, esta ley tenderá a concentrar en tu vida todo lo negativo, y por lo tanto vivirás con pensamientos y sentimientos negativos que te llevarán a una vida llena de carencias y sufrimiento.

Por otro lado, si te decides a solo estar expuesto a situaciones positivas, esta ley concentrará todo aquello positivo de la vida y por lo tanto vivirás una vida llena de abundancia y armonía.

Eso mismo sucede para la instalación de una empresa, si estás pensando que es difícil, pues la ley de la concentración tenderá a concentrar todo eso que estás pensando y terminarás por hacer lo que estás pensando y al final lo que vas hacer es hacer **NADA**.

Por otro lado si estás pensando en instalar tu negocio y tus pensamientos son aquellos que van hacer que lo logres, la ley de la concentración te dará todo aquello que necesitas para que lo logres, porque va a concentrar esos pensamientos y sentimientos positivos en un foco que jamás nadie podrá romperlo y el resultado va a ser el éxito empresarial.

Ley de la Sustitución.

Cuando sustituyes una creencia por otra, la antigua creencia pierde valides y por lo tanto estarás sometido a la nueva creencia. Si tu nueva creencia es negativa, los resultados que obtendrás serán los que tu nueva creencia te ordene que tengas.

Frecuentemente estamos cambiando de creencias y sustituyéndolas por otras, es aquí cuando debemos de ser más atrevidos de lo que estamos siendo actualmente. El problema radica en que no somos lo suficientemente determinados para optar por una nueva creencia que nos lleve lejos de lo que actualmente estamos viviendo, esto es debido a que tenemos como creencia algo que se llama **ESTADO DE CONFORT**. Este estado es el que más cuesta trabajo quitarlo de nuestra vida, ya que ha sido reforzado durante muchos años por nuestros padres, amigos, y medios de comunicación.

La creencia de que no podemos lograrlo es reforzada por otra creencia como el **estado de confort**…

En una ocasión estando un grupo de amigos platicando amenamente, uno de ellos nos dijo que iba a inventar una máquina para convertir los plásticos en gasolinas y diesel. En ese momento muchos de ellos comenzaron a reír y a convencer a este amigo en que era imposible de lograrlo, unos de ellos, ingenieros mecánicos, electrónicos, químicos metalúrgicos, indicaban; según su conocimiento y experiencia, que; lo que intentaba hacer, ya hace muchos años se descartó por ser prácticamente imposible, que eso era un sueño y que si se ponía a estudiar se iba a dar cuenta de que no lo podía fabricar.

El paso del tiempo este amigo muy querido y que tengo la fortuna de haber participado en su proyecto terminó por demostrar que, si se podía lograr obtener gasolina y diesel, y construyó esa máquina que actualmente anda viajando por todo el mundo demostrando la viabilidad.

Este ejemplo nos demuestra que cuando sales del estado de confort (sustituyes los pensamientos de no puedo por los de si puedo), tiendes a conseguir prácticamente todo lo que te propongas. Pero salir de este estado no es nada fácil, y eso es debido a que durante muchos años te han dicho que la vida es de cierta manera y han reforzado una y otra vez, esos pensamientos mediocres con una infinidad de excusas para que tu pensamiento siempre esté justificando una y otra vez por qué nunca puedes hacer las cosas.

¿Te has dado cuenta que siempre que quieres hacer algo innovador y se lo platicas a alguien, siempre ese alguien te dirá los pormenores para que "NO" lo hagas? Siempre te dirán que ya lo hicieron y no funciona. Qué tal o cual persona lo intentó y no pudo. El primo de un amigo lo hizo y no funcionó.

Pues esas estupideces son las que al 97% de la población les importa demasiado y por eso no lo hacen jamás, son siempre las creencias que a esa persona la tienen como la tienen, con esa vida de carencias y mediocridades que siempre justifica todo para no hacerlo.

Y como has sido expuesto una y otra vez a esas creencias, comienzas a justificar una y otra vez la falta de capacidades para conseguir lo que anhelas, sueñas, deseas.

Cuando tenía 19 años, me apasione por el deporte del Ciclismo de montaña, pero esa pasión solo era de ir a rodar al campo sin intención de hacerlo como atleta de alto rendimiento.

El cavo de algún tiempo me di cuenta que ir a rodar me producía un estado de tranquilidad y pensaba solo en aspectos positivos de la vida, mis pensamientos solo estaban en disfrutar el momento que pasaba en la bicicleta. Esos momentos acompañados del levantamiento olímpico que era otro deporte que practicaba, provocaron en mí una forma nueva de pensar y ver la vida. **La ley de la Sustitución** se hace presente nuevamente y al estar pensando de forma diferente debido a una actividad diferente que también puede ser un oficio como cultivar hortalizas, hace que tus pensamientos sean sustituidos por otros y de esa manera al estar pensando diferente, actúas diferente y por lo tanto obtienes cosas diferentes.

Ley de la Responsabilidad

Cada uno de nosotros en algún momento de nuestra vida hemos pensado que eso o aquello no era mi responsabilidad. Aceptar los retos de cada día es una responsabilidad que muy pocos hombres y mujeres quieren aceptar. Solo aquellos que dicen: **¡Basta! ¡Eso lo tengo que afrontar sin importar lo que tenga que dejar!** Son los que realmente comienzan el camino del éxito.

En una reunión de negocios a la cual fui invitado para observar a los directivos y trabajadores de alto nivel y que posteriormente diera alguna solución, ya que la empresa estaba en picada, puede darme cuenta de una serie de factores que eran muy frecuentes en la mayoría de estas personas, y las frases muy tocadas por ellos eran: **¿Y yo por qué? ¿La culpa es mía? ¿Acaso yo te dije que hicieras eso? ¡Tú lo contrataste! ¡Es tu responsabilidad!**

Si analizamos estás frases podemos observar que, cada una de estas personas solo tienen como defensa, **¡No ser responsables de las**

condiciones en que se encuentra la empresa!

Y sin temor a equivocarme, mas bien, a equivocarnos, estas mismas cantaletas seguramente tú y aun yo, las decimos todos los días sin importar lo que esté sucediendo, puesto que es mucho más fácil desentenderse del hecho, que responsabilizarse de lo que está sucediendo.

La responsabilidad que tiene cada uno de nosotros en la vida, no debe desatenderse, y esta ley, es imparable sin importar que tanto roguemos que no actúe.

Cuando estaba yo circulando los 40 años de edad, aún era una persona que practicaba constantemente deportes, ejercitaba mi cuerpo al menos 4 días a la semana con alta intensidad, gozaba de gran salud acompañado de un cuerpo envidiable. En ese entonces comencé a descuidar un poco el ejercicio que posteriormente se convirtió en un hábito del cual no estoy nada orgulloso, de estar en el peso ideal para mi estatura, comencé a ganar unos kilogramos de más. Mis pretextos al igual que una gran cantidad de personas eran: **¡llego demasiado cansado de trabajar! ¡Si tuvieras el trabajo que yo tengo, sentirías como me siento! ¡Salgo muy tarde y ya no**

tengo tiempo! Y un sinfín de motivos para no volver hacer ejercicio jamás.

Unos años después al verme al espejo, vi lo mal que mi cuerpo había quedado por falta de actividad física, sentía esa sensación de cansancio crónico, mi pensamiento no encontraba soluciones. Cuando por fin vi esa vida grotesca de la cual me burlaba durante años, comprendí que me había convertido en una de esas personas que tanto criticaba y que el centro de la crítica era ¡Responsabilidad!

¡Sí! Me convertí en una persona **¡IRRESPONSABLE!**

Al entender que volví a caer en las redes de la Ley de Responsabilidad en la parte negativa, sin dudarlo tomé acción y mis primeras palabras fueron:

¡Me he decidió a tomar las riendas de mi vida con RESPONSABILIDAD, y a nada ni a nadie le permitiré que me haga dudar de mi compromiso!

Una vez terminada esta frase, inmediatamente me puse ropa cómoda, zapatos deportivos y salí a correr, después de correr me fui al Gym e hice la rutina completa.

Como te has de imaginar, al día siguiente mi cuerpo clamaba por ayuda, estaba tan cansado, adolorido y, mover un dedo era un martirio. En ese instante mi pensamiento comenzó a preguntarse si realmente era importante hacer ejercicio, si solo comiendo bien, seguro iba a bajar de peso, ¿Y si mejor descanso y hasta que ya no me duela el musculo vuelvo a empezar? ¿Será importante correr y hacer Gym todos los días?

¡Maldita vocecita de mierda! ¡Una vez más estas queriendo hacer que fracase, vete al carajo, yo soy responsable de mis actos y si he de fallar, me responsabilizo plenamente de lo que el futuro muestre para mí!

Ya había pasado por esto años antes, y en aquel entonces nada ni nadie me detenía, era 105% responsable de mis actos, de mis pensamientos, de mis decisiones, por eso he llegado hasta donde estoy, y cuando dejé de ser responsable con mi cuerpo comencé a sufrir las consecuencias. He sido responsable aun con mis pensamientos, con mi felicidad, con el amor, y dejé esa responsabilidad con mi cuerpo; imagino lo que me va a suceder si dejo de ser responsable con mi dinero, mi amor, mi felicidad, mis pensamientos, mis sentimientos.

¿A cuántos conoces que se quejan de todo y no hacen nada?

¿A cuántos conoces que hablan mucho y hacen nada?

¿A cuántos conoces, como hombres del mañana? Mañana lo hago, mañana lo tengo, mañana lo pienso, etc.

Llega la amargura cuando te das cuenta que estás en una de esas frases. **¿Verdad?**

¿En cuál de todos ellos te identificas?

La ley de la Responsabilidad jamás se equivoca y debes tener en cuenta que es una ley y que las leyes son aplicadas para todos los seres humanos en este planeta.

Si te responsabilizas de tus pensamientos, tus sentimientos y asumes las consecuencias de los resultados obtenidos, te aseguro que en este instante comenzarás a ver resultados positivos en tu vida.

Un ejercicio muy práctico y que es muy frecuente que nosotros los hombres (genero) cometamos es: bajar el aro o subir el aro del inodoro cuando vamos a orinar, bajar la perilla de desagüe. Es tan simple que más del 90% de los hombres no hacen eso en su hogar, y por lo tanto su mujer, hermana, o madre, siempre están blasfemando porque, o dejan el aro orinado, o dejan el aro levantado. Pues si eres de esos hombres que hacen eso (lo mismo para las mujeres en otros aspectos), si comienzas a responsabilizarte de ese acto indeseado para las mujeres, seguro jamás volverás a tener una discusión respecto a eso; ahora, imagínate si logras responsabilizarte de otros 103 actos de irresponsabilidad que cometes, pues te aseguro que tendrás 104 actos (incluyendo el acto del inodoro) que jamás nunca nadie te los reprochará.

Tú eres responsable de tus males, afróntales sin miedo, porque el miedo también es un acto de responsabilidad.

Ley de la Costumbre

Una de las formas en que cada persona se encierra en su paraíso del deseo es siempre hacer lo mismo por costumbre. Te has preguntado alguna vez **¿Por qué cuando estoy a punto de lograr algo, siempre hay alguien que lo echa a perder?**

Ese alguien que siempre trata de que las cosas no salgan eres simplemente **TÚ,** y eres aquel que siempre todo lo echa a perder, todo lo deja peor que como empezó.

Siempre acostumbramos a culpar a los demás por lo que nos sucede, por lo que no conseguimos, por lo que no tenemos, por las enfermedades que tenemos, simplemente todo es culpa de los demás y jamás de nosotros.

Culpar a los demás es nuestro pan de cada día, y eso es simplemente por costumbre. Estamos acostumbrados; sin saberlo, a que todos son culpables de lo que nos pasa día a día.

Manejando tranquilamente mi automóvil por una de las avenidas de mi ciudad, estaba pensando en lo bonito que sería poner un estanque con peses en mi casa, imaginaba una cascada a un costado del estanque donde el agua se escuchara caer, en la caída del agua, unas plantas con flores hermosas, en el estanque peses de todos colores y tamaños, música tranquila y relajante, un sillón a un costado donde pudiera leer y escuchar la música y tantas cosas que imaginaba que desbordaban mi emoción por ya comenzar a construirlo.

Recuerdo que, en esa ocasión pasaba por una etapa de crisis económica severa, en ese año las lluvias no fueron suficientes como para tener buenas ventas de lo que producía en mi huerto, ya que la falta de agua de lluvia no producía en la planta ese crecimiento acelerado ni la calidad de plantas que pudiera vender a buen precio.

A cada hora que pasaba, siempre me venía a la mente la falta de lluvia que pudiera de una vez por todas cosechar buena cantidad de hortalizas para poder vender y de esa manera tener el dinero para construir el estanque. Día tras día, semana tras semana, mes tras mes, pensado en eso y maldiciendo al cielo por la falta de agua de lluvia.

Cuando por fin llovió, sentí un gran alivio y como era de esperarse mi huerto comenzó a desarrollarse inmediatamente; pero algo sucedía en mis pensamientos, seguía pensando en la falta de lluvia, una y otra vez me venían los mismos pensamientos a pesar de que estaba lloviendo, seguía pensando en eso; FALTA DE LLUVIA.

Esos pensamientos recurrentes que seguían una vez que ya se había solucionado la situación de la sequía, me permitió comprender esta ley, y fue cuando entendí que si mantenemos pensamientos recurrentes estos se van a estancar en nuestras creencias y por lo tanto serán un lastre a futuro que se pudrirán y comenzaran a pudrir otros pensamientos y así llegar a oler mal **(Un pensamiento cuando huele mal es aquel que provoca estados de ánimo de enojo, furia, maldad, frustración, avaricia, descontento, etc.).**

Cuando tengas pensamientos recurrentes que te provoquen sentimientos negativos, ten mucho cuidado, deshazte de ellos, e inmediatamente, hay que poner pensamientos nuevos y positivos (frescos y perfumados), porque si no lo haces comenzarán a oler mal y así vivirás hasta que decidas cambiarlos.

Más del 90% de las personas, siempre traen malos olores en sus pensamientos, traen ese perro muerto mental que a donde quiera que llegan dejan el olor de la molestia, angustia, desesperación, culpabilidad, enojo, soberbia, vanidad, apatía. Siempre están platicando lo mal que la están pasando, lo mal que les va en la vida, lo mal que está el país, siempre culpan a todos y ellos nunca son los culpables, se dan baños de pereza y esperanza a la vez, pero siempre andan oliendo a muerto mental, toda esa basura y muerte la dejan a su paso, apestan y creo que es un olor para muchos agradable, y es agradable porque ya están acostumbrados, se hicieron adictos a esa muerte mental y putrefacta, creo que hasta les encanta ese olor, porque se justifican siempre para decir que huele bien, y algunos hasta me han dicho que es el olor a rosas de la muerte.

Recuerda bien esto, lo que no cambia es que ya está muerto, si tus pensamientos siempre son los mismos es porque ya están muertos, siempre deben estar en constante movimiento, siempre deben estar ventilados, siempre hay que bañarlos con las aguas del conocimiento verdadero, tallarlos con el jabón del amor, y secar con la toalla de la felicidad, de lo contrario, olerán mal, y terminaras siendo un muerto viviente, sino es que ya lo eres.

La ley de la Costumbre dice: Si te acostumbras a lo mismo, eso mismo comenzará a oler mal y terminará por podrirse. Aguas que no se mueven comienzan a pudrirse, pensamientos que no se mueven comienzan a pudrirse. Si no se mueve, todo permanece igual, y la costumbre es el arma secreta del **EGO.**

Ley de la Emoción.

Todas las decisiones que se toman en todo momento están sujetas a una emoción, independientemente que ésta sea positiva o negativa, cualquiera que sea, siempre va a estar acompañada de un pensamiento acorde a ella, y a su vez a una acción que se identifique con esa emoción.

Cuando decidí ser emprendedor, la gran mayoría de mis fracasos fueron debido a que siempre dejaba que mis emociones negativas y positivas sobrepasaran mis pensamientos y posteriormente tomaba decisiones con un pensamiento tan molesto y frustrado que inmediatamente hacia todo lo posible por terminar esa relación empresarial.

Al paso de los años de haber emprendido una y otra vez, me di cuenta que el gran fracaso de los negocios, el amor y felicidad se encuentra en las emociones desbordadas, estas siempre serán las causantes de que tu pensamiento se vea aturdido y no puedas entender bien el entorno y decidas optar por la peor solución, y lo más trascendente de esto, es que estás seguro que hiciste lo correcto.

Cuando entras en la dinámica de dejar que tus pensamientos y emociones (no estoy hablando se sentimientos) sean los que controlen tus decisiones, siempre estarás culpando a todos por las cosas que te salen mal, pero si las cosas te salen bien siempre le dirás a la gente que tú fuiste el que logro todo, que tu eres quien hizo todo y los demás nada.

La **Ley de la Emoción** siempre se cumple, recuerda que las emociones provocan pensamientos iguales al sentimiento de la emoción.

En una ocasión, estando con uno de mis socios discutiendo unas obras que teníamos que realizar, este socio, comenzó a molestarse porque yo no quería hacer una obra donde el recurso era del gobierno, y la molestia comenzó cuando a la persona a la cual quería ese servicio, insistía en que utilizáramos los recursos para otras cosas que no fueran la obra en concreto. Mi socio quería que hiciéramos el trabajo, a fin de cuentas, el cliente es quien paga. Yo le insista constantemente que ese tipo de arreglos no eran legales y por lo tanto no tenía la intención de hacerlo.

Pasaron unos días y ese socio agarro el trabajo por su cuenta, y comenzó la construcción. Una vez terminado el trabajo su cliente realizo el pago y mi socio rápidamente fue y se compro un sinfín de cositas que decía el que necesitaba.

Un mes después llego la supervisión de la obra y al ver que no era lo estipulado en el proyecto, los abogados del gobierno exigieron el reembolso inmediato de lo que se había dado ya que no era lo que el proyecto especificaba, e inmediatamente recurrieron a la demanda legal.

Pasaron unos días y mi socio al ser quien realizo ese trabajo, le exigieron que realizara la obra como indicaba el proyecto o regresara ese fondo federal. El declaro que la persona a quien le hizo la obra fue quien insistió en que se realizara de esa manera, pero como sabemos… En estos negocios hay que tener cuidado cuando el dinero es de fondos federales.

El socio del cual hablo no tuvo otra opción de realizar la obra tal y como indicaba el proyecto habiendo perdido varios miles de dólares.

Con esta historio quiero que se den cuenta que esta persona (ex socio), se dejó llevar por sus emociones; esas emociones fueron del tipo locura que causa al saber que te vas a ganar unas decenas de miles de dólares fácilmente, y al final, se dejó llevar con sentimientos desbordados que lo hicieron cometer ese gravísimo error de agarrar dinero fácil, y que al final tuvo que regresar y perder varios miles.

Meses después supe que los artículos que había comprado eran meramente para elevar su EGO, Auto, moto, lancha, TV, etc. los cuales tuvo que regresar y otros rematar para cubrir la deuda contraída.

Como te has dado cuenta, los sentimientos juegan un papel muy importante en la toma de decisiones cuando se trata de DINERO, AMOR y FELICIDAD.

Ley de la Expresión

En la primera pare de este libro platicamos, cómo los sentimientos determinan los pensamientos, y a su vez, cómo los pensamientos también provocan que nuestros sentimientos se modifiquen.

Esta ley también aplica para cuando esos pensamientos son positivos y los sentimientos son negativos.

Frecuentemente estamos pensando de las carencias que tenemos, esas carencias pensadas activan una serie de sentimientos que se empatan y distorsionan el enfoque que deseamos. Los sentimientos también provocan que el pensamiento se distorsione y por lo tanto la ley de la Expresión se presenta en un sinfín de situaciones deseadas o no deseadas. En una forma simple, el 90% de nuestros pensamientos no están enfocados en forma de vector con nuestros sentimientos y esto se debe a que **siempre queremos servir a dos amos al mismo tiempo**; El amo que gobierna nuestros pensamientos y el amo que gobierna nuestros sentimientos.

Esos dos amos, son los que pelean constantemente entre ellos y jamás se ponen de acuerdo. Cuando un amo quiere hacer una actividad, el otro amo lo bloquea, y así, una y otra vez durante toda la vida, y si no se toma la decisión de, a cuál amo le vamos a servir, toda nuestra vida andaremos corriendo de la casa de uno y después a la casa del otro sin terminar nada en concreto, con ninguno de los dos.

El Amo pensamiento.

El pensamiento es toda aquella información que has acumulado durante toda tu vida, esas creencias que a través del tiempo has creado a favor de tus conveniencias y que satisfacen tus necesidades y tu estado de **Confort**. Ese cúmulo de información que has experimentado te ha dado una serie de creencias que en verdad tú crees que son ciertas, si bien, muchas de ellas son verdaderas, la gran mayoría las has adquirido no por experiencia, sino porque otras personas te han dicho que así es, y también muchas de ellas las has leído o te las han inculcado mediante la educación formal.

Quiero decirte que el pensamiento es el maestro del engaño, él te muestra solo lo que tú quieres ver, solo lo que tú quieres sentir, lo que tú quieres oír, te muestra las cosas como tú crees que son sin importar lo mal o bien que te vaya en la vida, él te va a decir que es bueno y que es malo, que es correcto y que es incorrecto aunque tu veas claramente con tus ojos que eso no es así, aunque escuches nítidamente que eso no es de esa manera, tu pensamiento te engañará para que hagas, digas y actúes como él quiere, como él dice, como a él le satisface.

La única arma que tienes respecto a este amo son **TUS DECISIONES**, ¡Pero ten cuidado! porque también él te dice que decidir, que afrontar y que no afrontar, qué hacer y qué no hacer, y su único objetivo, es: vivir eternamente en el **estado de confort**.

Pero tú tienes el poder de decidir, el poder de actuar, el poder de hacer, independientemente de lo que tus pensamientos digan al final tu eres el que decide ejecutar esa orden.

Cuando me decidí a construir mi primera empresa **metal**, tenía muchas dudas respecto a cómo comenzar, y el primer pensamiento que apareció fue: **¡Así estás bien, para que te la complicas! ¡El tiempo dirá! ¡Te han dicho que si piensas en que te vas a hacer rico lo serás, solo es cuestión de tiempo! ¡Cuando seas podrás pagarte un coach para que te**

enseñe! (Ja ja ja ja, que tonterías me decía yo mismo). Pase varios años según yo diciendo a mí mismo, cosas como: **¡Eres un imán para el dinero! ¡Eres el mejor! ¡Todo lo que tocas lo conviertes en oro!** Esa es la técnica que muchos te dicen que funciona, y realmente **¡Sí!** funciona, pero jamás te dicen cuáles son las condiciones para que si funcione, quizá porque hasta ellos la desconocen.

Los pensamientos son una máquina de hacer **DINERO**, es una máquina de hacer **AMOR**, es una súper-máquina para hacerte **FELIZ.** El problema es que no nos han enseñado a operarla, no nos han enseñado a lubricarla, no nos han enseñado a ajustarla para que siempre este al 103%. Y como pasa comúnmente y siempre será así; **Hay que PAGAR para que se te enseñe, porque solo así, puedes aprender a valorar.**

¿Qué estás dispuesto a sacrificar y pagar el precio para tener la triada que por derecho merecemos?

Las condiciones para que esas afirmaciones que son realmente poderosas las manifiestes en tu vida son muy simples y claras, y si no tienes el valor de cambiarlas, por más que te esfuerces nunca verás resultados. Debes de pagar el precio a la pereza, a la ignorancia, a la amargura, a la costumbre, y más que todo a los hábitos.

Si verdaderamente quieres eso en tu vida tendrás que hacer lo siguiente, y si lo haces te aseguro que la magia comenzará en estos momentos.

1. Levántate de la cama temprano y tiéndela.
2. Limpia tu casa todos los días.
3. Tienes que hacer ejercicio todos los días.
4. Debes pensar solo en hacer, evita pensamientos de tener, son los que frustran y no dejan hacer.
5. Evita molestarte a toda costa. Si alguien te dice algo que te moleste no seas tonto, no le contestes y enfócate en lo que tienes que hacer.
6. Deja de echarle la culpa a los demás por tus fracasos.
7. Estudia todos los días el tema que te apasiona. Si son varios temas estúdialos.
8. PLANEA TU TIEMPO, PLANEA, PLANEA, PLANEA.
9. Decide pensar solo en positivo.

Cuando domines estos 9 puntos serás una persona diferente.

Después de dominar los puntos anteriores ahora si puedes decirte a ti mismo que:

1. Soy un amor.
2. Soy feliz.
3. Soy abundante.
4. Soy agradecido.

Si realmente eres eso, entonces vivirás en amor, en felicidad, en abundancia, en agradecimiento. Si no lo estás viviendo entonces los 9 puntos anteriores **NO** los dominas.

El Amo del Sentimiento.

Somos muy dados a que el Amo de nuestros Pensamientos siempre está dominando al Amo de nuestros Sentimientos, y esto es debido a que perdimos la capacidad de confiar en nuestros sentimientos.

Los sentimientos son los más poderosos para afrontar las situaciones en nuestra vida, y esos sentimientos son los que en verdad rigen nuestro futuro, son los que manifiestan las cosas de la vida.

Cuando me decidí a cambiar y ser una persona de éxito, primero tuve que cambiar mis sentimientos, esos siempre estaban ocultos y el Amo del Pensamiento jamás dejaba que hablaran los sentimientos, una y otra vez estaban regidos por los pensamientos negativos.

Cuando por fin me decidía controlar mis pensamientos y hacer un habito de pensar positivo, entonces mis sentimientos comenzaron a manifestarse, deje que el pensamiento positivo abriera las puertas a los sentimientos positivos, y posteriormente los que tomaron el control fueron mis sentimientos positivos dejando a mi pensamiento a las órdenes de estos.

No fue nada fácil, tuve que pagar el precio y fue bastante caro. El precio que pague fue cambiar de hábitos, leer, comprar libros, estudiar cada libro, aplicar las técnicas y practicarlas todos los días, planear cada acción que tomaba, y siendo honesto me costó mucho, mucho, mucho. El precio más caro que pague fue: dejar de ver noticias, dejar amigos tóxicos, dejar familia tóxica, dejar la siesta de la tarde, dejar las excusas, dejar de hacerme el mártir, dejar de hablar, dejar de enojarme, dejar de lamentarme.

Para que entiendas más te voy a poner un ejercicio y si lo logras seguro lograrás hacerte Rico, lograras Amar, y lograrás ser Feliz.

El ejercicio es el siguiente: **Deja de hacerte el mártir y asume tu responsabilidad.**

Si durante 45 días, dejas de quejarte y asumes la responsabilidad de todo lo que te está sucediendo entonces tienes el potencial de cambiar y te ha dolido lo suficiente. Si en esos 45 días intentas hacharle la culpa a cualquier cosa, persona, gobierno, sociedad, crisis, etc., entonces no quieres cambiar y estas esperando que este libro te de la fórmula mágica para tener la abundancia que no eres capaz de crear.

Si no puedes cambiar y sentir amor, felicidad y agradecimiento por lo que tienes y lo que eres, entonces **NO ESTAS COMPROMETIDO Y SEGUIRÁS SIENDO UN BUFON DEL SISTEMA.**

Recuerda que tu eres tu propio dueño, no hay nadie que te diga que pensar ni que sentir, solo tú eres el que decide si siente amor, felicidad, agradecimiento y solo tú eres el que decide si piensa en estupideces o piensa en ser más amor, más agradecido y más feliz.

Los sentimientos son realmente los que te van a sacar del fango y la mierda en la que te encuentras.

Tú expresas todo lo que piensas y sientes, y al expresar creas tu mundo interior sin importar en qué condiciones te encuentres, y después se expresa en tu mundo exterior y es ahí cuando te das cuenta que si no tienes lo que quieres es que no expresas en tu interior dinero, amor y felicidad.

La ley de la Expresión jamás se equivoca y si estás pobre, si no tienes pareja, si no eres feliz, es que eso estás sintiendo y pensando en baja vibración, por lo tanto se está expresando en el plano terrenal tal y como lo expresas en tu interior.

Muchas veces me han criticado porque siempre en mis conferencias les digo que uno expresa lo que está sintiendo y pensando, y cuando les hago el ejercicio del sentimiento se tornan agresivos o simplemente se van. Este ejercicio consiste en que me digan una mentira y actúen conforme a esa mentira. Como es mentira sobre lo que piensan y sienten inmediatamente se equivocan y esa equivocación los delata, y como los delata tratan de corregirla equivocándose más aun, eso quiere decir que viven en un estado de mentira constantemente y se sienten atacados cuando se les descubre, por lo que tienen tres opciones: 1. Seguir con la mentira hasta que todos les digan mentiroso, 2. Huir del lugar sintiéndose los ofendidos y rechazados, ó 3.

Dicen que si quieren cambiar y ponen siempre un ¡PERO!... **pero** es que, **pero** por, **pero** ya, **pero, pero, pero.** El PERO los invade y siempre buscan la defensa circunstancial pero jamás aceptar que son culpables de todo, verdaderamente todo lo que les pasa.

Si eres de esos, seguro ya te están molestando estas líneas por lo que te aconsejo que dejes este libro y sigas **jodiendote** la vida hasta que te mueras, si te está calando y no estás poniendo el **PERO** y tienes la convicción de que quieres cambiar, felicidades, estás pagando el precio.

Ley de la Inversión.

Cuando comencé practicando la agricultura urbana, no entendía lo que era el concepto de inversión, creía que solo se trataba de invertir dinero, tiempo y esfuerzo en cada cosa que realizaba, con el tiempo y estudiando las leyes universales me di cuenta que lo que estaba haciendo era una inversión de información y conocimientos que posteriormente me llevaron a obtener lo que quería.

La inversión no es otra cosa que dedicarte a una sola actividad y hacerte un maestro en eso, ya cuando eres un maestro en esa actividad que te gusta o no te gusta, continuar con otra hasta convertirte en un maestro nuevamente. Mientras más actividades tengas con grado de maestro mayor serán las oportunidades que tengas para obtener cosas, que pueden ser físicas o mentales.

La mejor inversión que puedes hacer es cambiar tu forma de pensar, la forma en cómo ves la vida, la forma en cómo sientes, esa es la verdadera inversión que te llevará a donde quieras y a tener lo que quieras.

Deja de invertir tu tiempo y perderlo en informarte como está el estado del tiempo, si la bolsa de valores sube o baja, si el gobierno hace o no hace, si tu amigo te dijo o no te dijo, eso solo te llevara a estar peor de lo que estas actualmente.

Cuando aún no aplicaba las leyes universales perdía mucho el tiempo en solo pensar lo que los demás decían, hacían o dejaban de hacer, solo me enfocaba en criticar lo que no me gustaba de lo que leía, veía, o no hacían las personas, y según yo, lo hacía para tener elementos para poder criticar con justificación, y al último el resultado era que me volví un maestro de la crítica, de la cobardía, de la ignorancia; invertí tantos recursos en eso que finalmente fui el maestro que tanto critique.

Es muy clara esta **Ley de la Inversión**, si inviertes tu tiempo en cosas que no te llevan a nada justamente esa inversión tendrá sus resultados y serán nada; si inviertes tu tiempo en ser mejor persona, pensar positivo, sentir positivo, ser honesto, ser amoroso, ser feliz, al final toda esa inversión tendrá sus dividendos y claro está que serán dividendos de éxito.

Muchas personas creen que invertir en libros, en video, en curso, en talleres, es buena inversión económica, y quiero decirte que, NO es buena inversión económica si lo haces por solo presumir, por que lamentablemente esa creencia se tiene, esa creencia te la han inculcado. Conozco a profesores universitarios, profesionistas y emprendedores, etc., que tienen bibliotecas enormes, presumen todos los libros que tiene, hasta presumen que los han leído todos, pero siguen igual de ignorantes, igual de pobres, igual de necios, igual de tontos, igual de patanes, y de nada les ha servido tener y leer tanto libro, y eso es debido a que solo lo hacen por entretenimiento y no por conocimiento, porque su pensamiento está solo en querer impresionar a los demás, porque su pensamiento solo está en ser más que los demás, porque su pensamiento está en repetir como pericos lo que dicen los libros sin entender ni una sola palabra y lo hacen porque piensan que las demás personas se van a sorprender de lo que sabe, y al final solo esas personas se sorprenden de lo tonto que es.

Hace ya varios años que conocí a una persona que presumía de que leía mucho, de que era una biblioteca humana y que con todo ese conocer (me decía) algún día iba a escribir un libro… aún estoy esperando a que escriba un libro; cuando le pregunto si ya escribió su libro, siempre tiene excusas de todo tipo para justificar el por qué aun no lo ha escrito, y sus excusas son las siguientes:

- No tengo tiempo.
- Me enfermé y caí en cama.
- Aun no me llega la inspiración.
- Mis hijos me absorben todo el tiempo libre.
- Mi esposa no me deja.
- Es que me duele la muela.
- Jugando basquetbol me torcí un dedo.
- Me duele la cabeza.
- No tengo dinero para comprar una PC buena.
- Hoy iba a empezar y tuve que salir de urgencia.
- Hace mucho calor.
- Hace mucho frio.
- Se me acalambro la pierna.
- Me duele la rodilla.

Tanto tiempo invertido en puras estupideces ¿no crees?

Pues esta ley no falla y seguramente la inversión que hizo en todas esas excusas le está dando los dividendos esperados que son; más y más de lo mismo, y lo peor de todo es que aún sigue excusándose sabiendo que siempre es más de lo mismo.

Si eres de es@s que les gusta invertir en excusas y más, te felicito, estás dentro del 97% de las personas perezosas que están esperando un golpe de suerte para sacarse la lotería y poder tenerlo todo en la vida.

Si ya estas hasta el copete de seguir así como estás, deja esas excusas y hazte responsable de tus pensamientos, sentimientos y acciones, comienza a cambiar inmediatamente ya que el tiempo no perdona a los indecisos, no perdona a los cobardes, a los necios, a los tontos, a los ignorantes.

Ley de la Práctica.

Cuando vi en una ocasión a un niño jugar un video juego como con tal destreza me pregunte: ¿Cómo le hace para saber que formas y personajes van a salir para poder atraparlos? Viéndolo varios minutos jugando observe que el niño ya no pensaba en lo que iba a salir en el video juego, ya tenía mecanizado todos los pasos a seguir para poder ganar una partida. Ese niño cuando llego a un nivel que jamás había llegado, observé que perdía una y otra vez, pero también pude darme cuenta de que mientras más veces repetía el nivel desconocido, más avanzaba en el reto.

¡La práctica hace al maestro! Este dicho bastante trillado tiene un significado enorme cuando se entiende perfectamente. El 97% de la gente es un maestro en pensar negativo, practica tanto ese pensamiento y lo ha realizado tantos años que termina con una maestría total en ser negativo, ser arrogante, ser ignorante, ser deshonesto, ser todólogo, ser alguien que derrocha frustración.

Por otro lado, hay gente; que es 3% de la población, que practica todos los días: amor, agradecimiento, estudio, felicidad, empatía, etc., que ya tiene décadas haciéndolo, y se ha convertido en un maestro en ese arte de pensar y sentir.

Estamos tan acostumbrados en pensar mal que ya es un hábito, y si es un hábito se puede cambiar por otro hábito, y al cambiarlo por otro; que en este caso, debe de ser positivo (un hábito que siempre te haga ser mejor que el día anterior, o que te de beneficios) encontrarás el camino de una maestría nueva en tu desarrollo y crecimiento personal.

Para no dar tantos rodeos sobre esta ley, siempre debemos practicar lo que si funciona una y otra vez, y te garantizo que te volverás el mejor. En líneas anteriores te platiqué que si haces tu cama una vez que te levantas, se convertirá en un hábito que te llevará a grandes beneficios, y el beneficio principal es la higiene, funcionando igual si te lavas los dientes, si te bañas, si comes sano, si no tiras basura, si limpias tu casa, etc. Esos hábitos son los que cambiarán tu vida por completo y si no te decides a cambiar esos hábitos tan simples y necesarios en tu vida diaria entonces no has entendido nada de este libro.

Recuerda que la repetición hace al maestro, la repetición es la práctica de lo que hacemos todos los días, si algo no está funcionando y lo repetimos constantemente entonces estamos practicando constantemente lo que no funciona y es ese el motivo por el cual no tienes dinero, amor y felicidad en tu vida debido a que lo estás repitiendo constantemente (**Estás practicando una y otra vez lo que no funciona**).

Ley de la Relajación

El pensar nunca se detiene, siempre se está en un estado mental activo, si no detenemos estos pensamientos cotidianos durante el día, se volverán en contra.

Se nos ha dicho mucho que siempre estemos pensando en lo que queremos, en lo que deseamos, si no le damos un descanso a nuestros pensamientos cotidianos lo que estamos haciendo es afinar nuestros sentidos en esa dirección y lo único que veremos y tendremos van a ser esos pensamientos cotidianos hechos realidad.

Relajar significa dejar que tus pensamientos callen, se queden en silencio, se aquieten, para poder entablar un dialogo con nuestro Ser. Constantemente estamos pensando en todo lo que nos falta en la vida, en todo lo que hemos de hacer y lo que no estamos haciendo, si te tomas un minuto en aquietar tu pensamiento y que solo sea el silencio del universo, veras con mayor claridad lo que tu ser divino te dice. Recuerda que Dios, Naturaleza, o Universo no habla con palabras, habla con sentimientos, y esos sentimientos son los que definen lo que vamos a lograr, lo que vamos a pensar, lo que vamos hacer.

Como te he dicho anteriormente, los sentimientos son la clave del éxito, y mientras más sientas amor, esperanza, felicidad, confianza, más te acercarás a lograr tus sueños, pero tendrás que pagar el precio de tantos que hay que pagar y ese precio es esforzarte por dejar quietos tus pensamientos y dejar fluir la voz de tu alma, o como dicen algunos; **tienes que meditar.**

El meditar es una estrategia indispensable para poder lograr todo en esta vida, esto te ayuda a que comprendas a escuchar a Dios, Naturaleza, Universo, como lo quieras llamar; si crees en Dios, **pídele con sentimientos y no con pensamientos**, así mismo con la Naturaleza y el Universo ya que los tres son lo mismo. Vibrar en una frecuencia alta solo se logra con los sentimientos y esos sentimientos provocarán que tu pensamiento vibre también en la misma frecuencia, y recuerda que debes vibrar en sentimientos de Amor, Felicidad, Dinero, Agradecimiento, Esperanza, Fe.

Siente Amor, Felicidad, Dinero, Esperanza, Fe, y todo eso que es positivo, y atraerás a tu vida personas, situaciones y circunstancias que te van a apoyar en tu proyecto de éxito.

No te quejes, no te enfades, no te frustres, no te desvíes, siempre siente y luego piensa y verás que tus pensamientos se alinean rápidamente en ese sentimiento, pero ten cuidado porque si lo haces con sentimientos negativos, también tus pensamientos lo van hacer con cosas negativas y esas cosas negativas las veras rápidamente materializadas y esto se debe a que la mayor parte del tiempo somos muy susceptibles a caer en sentimientos negativos y esto es por costumbre, por hábito, por facilidad, ya que es más fácil no hacer nada, no crear nada, no pensar nada y la costumbre hace los hábitos y los hábitos se convierten en la vida que se tiene.

Te estarás preguntando… **¿Qué fácil es decirlo? ¡Ponte en mi lugar y lo verás… para que sientas lo que yo he vivido!** Y a esto te contestaré, ¡Si he estado en tu lugar, he tocado fondo varias veces en mi vida! He visto derrumbar varios emprendimientos, varias amistades, varias relaciones y todo debido a que siempre me dejé llevar por sentimientos negativos y hasta que no me dolió lo suficiente puede entender que solo es tomar la decisión de cambiar, de sentir y de pensar diferente, y todo de forma positiva, y para eso me tuve que agarrar los cojones y comenzar a entender que tenía que relajar mi mente, tenía que callarla de una vez por todas y comenzar nuevamente a vivir.

¿Y, ya sabes que debes hacer? Pues te lo diré una vez más, tienes que comenzar a meditar, a cerrar la boca, a callar tu vocecita que todos los días te habla, y decirle a esa vocecita **¡Cállate estúpida y déjame en paz!** Si tienes el valor y la decisión de meditar, te aseguro que ya la llevas de ganar.

Ley de la Experiencia

Durante mis años de agricultor urbano, siempre he escuchado a muchas personas decir que no tiene experiencia en producir sus propios alimentos vegetales en casa, y la verdad es que es muy fácil.

La práctica diaria de producir vegetales en mi casa me ha dado la suficiente EXPERIENCIA para poder dar servicios de estos temas, pero quiero decirte que no ha sido nada fácil llegar a estos niveles, y esto es debido a que durante mi vida, había sido educado con un sinfín de creencias que limitaban mi crecimiento y desarrollo como profesionista y hasta que me di cuenta que la limitante que tenía para volverme un profesional en el tema era mi sentimiento y pensamiento negativo y solo cuando comprendí, puede detonar mi pasión el 105%.

Esta ley nos indica que la experiencia es determinante para hacerte el mejor en el tema que más te importa que en mi caso es la agricultura urbana y el Arte de Vivir.

Cuando trabajaba para el gobierno, muchas personas me decían que no tenía la experiencia para poder asesorarlos en al campo agrícola y no tomaban en cuenta mis consejos como Agrónomo, eso mismo me paso como Ing. Mecánico. Muchas veces me rechazaron y no querían mis servicios, y como todo en esta vida, me di cuenta que lo que tenía que hacer es dar resultados y esos resultados estaban basados en la experiencia.

Durante los años de trabajo gubernamental, me di cuenta que la experiencia que tenían muchas personas estaba basada en los **aciertos** y no en los **errores**, porque cuando cometían un error siempre se preguntaban ¿Por qué fallo? Y después de tanto investigar este error me di cuenta que la experiencia que tenían era equivocada, o sea, que esta experiencia era falsa, ¿y por qué era falsa? Pues porque la información que tenían para realizar alguna actividad también era falsa, y por lo tanto siempre me decían que **¡Por la experiencia que tengo eso no funciona!** Y… cómo les va a funcionar si los conocimientos que tienen son falsos.

La ley de la Experiencia aplica para cualquier sentido, si la información que tienes es falsa y la practicas constantemente, los resultados son falsos y por lo tanto la experiencia adquirida también es falsa, por otro lado, si la información que tienes es verdadera y la practicas, los resultados son verdaderos y por lo tanto la experiencia es verdadera.

Para poner en contesto esta ley, pongamos como ejemplo una de las tantas situaciones que tuve durante años con una amiga muy querida que siempre se estaba quejando de que sus empleados deberían de ser hombres y no mujeres.

En una ocasión, paseando con mi esposa por la ciudad, decidimos ir a comer al restaurante de mi amiga, cuando entramos y decidimos sentarnos, inmediatamente uno de los meseros nos atendió, pero antes de solicitar la carta nos dijo: **¡Vamos a tardar un poco en servir sus platillos ya que no hay personal suficiente!** A lo cual contesté –no hay problema- y nos esperamos el tiempo que sea necesario. Al poco rato mi amiga vino hacia nosotros y con una cara de angustia nos dijo que debido a la falta de personal se iban a tardar un poco más, y... le hice una pregunta **¿Por qué no contratas mujeres también?** Me contesto... Por experiencia te puedo decir que las mujeres no quieren trabajar después de las 9 de la noche por que tienen que atender a su familia y como viven lejos después ya no pueden tomar el transporte público a su casa.

Me quedé reflexionando un poco respecto a esa respuesta que me dio, e inmediatamente le propuse una serie de situaciones que podía utilizar para que las mujeres se quedaran hasta tarde, y me contesto: **¡Por experiencia te digo que no se puede!**

Como pueden observar, mi amiga ya se había casado con una idea que su experiencia le había dado como válida, sin importar que tuviera un sinfín de posibilidades que la llevaran a contratar mujeres en su negocio.

Platicando después con ella, le propuse una serie de formas para convencer a mujeres que pudieran trabajar en su establecimiento y así remediar la situación de falta de personal. Durante varios días estuve tratando de convencerla que contratara bajo ciertas condiciones a mujeres, y siempre su defensa era que por experiencia ninguna de esas estrategias funcionaria. Al cabo de algunas semanas de intentar convencerla por fin accedió a contratar a mujeres para trabajar en su restaurante, y cuando logro contratar una cuadrilla que aceptó las condiciones, inmediatamente me hablo para felicitarme por los consejos que pudo aplicar y para no hacerla larga hoy en día tiene mujeres trabajando y ya no sufre su negocio por falta de personal.

Con esta historia real, te puedo decir que la mayoría de las veces la experiencia adquirida durante mucho tiempo es falsa, y esa experiencia es la que no te deja avanzar en la vida, ya que la información que te dio esa experiencia y la practica constante de ésta, forma en ti creencias que jamás te dejaran avanzar en la vida.

¿A cuántas personas conoces que se refugian en su experiencia para no intentarlo nuevamente?

Pues te aseguro que si cambias la información que tienes por información verdadera, entonces la experiencia que adquirirás será la verdadera y por lo tanto te convertirás en tu mejor versión de vida.

En estos años de estudio de las leyes universales te puedo asegurar que la experiencia que he adquirido con bases verdaderas, me ha dado todo lo que tengo y sigue expandiéndose, te aseguro que si adquieres experiencia utilizando la verdad en toda situación, te convertirás en la mejor persona que jamás hayas imaginado.

Ahora con toda seguridad te puedo decir que tengo la experiencia para informarte que, si vibras positivo, el **Dinero, Amor y Felicidad**, llegarán a tu vida; Esto le he vivido día a día desde el primer momento que me decidí a cambiar mi **SER** al lado positivo de la vida.

Tú tienes tu propia experiencia de vida y si no has conseguido lo que te has propuesto, o has soñado, simplemente es porque la información que tienes almacenada en tu cerebro es **FALSA**, y tan falsa es que vives aun con la esperanza de que algún día tengas suerte para conseguir mucho dinero, una relación de amor, o felicidad eterna, y mientras sigas vibrando en negativo jamás conseguirás tus sueños.

Ley de los Servicios.

Las ganancias son iguales a los servicios que das. **¿Cuánto quieres ganar en Dinero, Amor y Felicidad?**

Esta ley se refiera a **SERVIR**, pero no se trata de que sirves o no sirves como persona, se trata de ser una persona que se enfoca de la mejor manera para otorga un servicio relevante a los demás, es **¿Cuánto valor le das a lo que haces día a día y con cuanto amor y felicidad lo haces?**

Si eres de las personas que se rigen por el dicho **¡Hacen que me pagan, hago que trabajo!** Pues te diré que la Ley del Servicio actuará de la misma forma en que actúas, piensas y sientes.

Si sientes poco Amor, entonces sirves poco amor y por lo tanto a tu vida llegarán personas y situaciones de poco amor, si sientes poca felicidad entonces sirves poca felicidad y la consecuencia va a ser poca felicidad en tu vida ya que das muy poco y quieres obtener mucho. Lo mismo sucede para el Dinero, si sientes y piensas en la escasez del Dinero, sirves muy poco al dinero, la consecuencia es falta de trabajo, falta de dinero.

Servir no es otra cosa más que dar más del 100% en todo lo que haces, pero debes hacerlo con la verdad, con la información correcta; estamos acostumbrados a creer en todo lo que vemos, oímos, tocamos, y creamos una creencia muchas veces errada de lo que realmente es y por lo tanto hacemos las cosas con esas creencias erradas, por lo que nuestra vida es un error.

Ley de la Devolución

Todo lo que damos se devuelve con mayor intensidad. Es tan simple que, si no te has dado cuenta de que, todo lo que haces se devuelve con mayor fuerza.

Esta ley se puede demostrar con los fracasos, ¡Sí!, entendiste bien, los fracasos son el parte-aguas para obtener la victoria. Todos aquellos que han experimentado un fracaso se ven compensados por un triunfo más grande que su fracaso; Pero no te equivoque, los fracasos deben ser aquellos que por más esfuerzo que hiciste, por más que te empeñaste, por más que persististe y no lograste tu objetivo, quiero decirte que Dios así lo quiso, y lo quiso por que tiene algo mejor para ti, algo que jamás pudiste pensar que lo obtendrías y si cuando tuviste ese fracaso e hiciste todo lo posible por continuar y nunca te rendiste Dios, Universo, Naturaleza, te dará algo mucho más grande.

Yo fracase infinidad de veces a lo largo de mi carrera como agricultor urbano, y también como Ing. Mecánico, fueron de esas ocasiones que por más que lo intentaba y persistía, no podía llegar a mi meta, pero aun así, seguía luchando por ser el mejor en lo que hacía, muchas veces estuve tentado a dejar, pero algo en mi decía que siguiera adelante, que buscara la manera de seguir, a pesar de no tener recursos económicos, de no recibir apoyo de amigos, familia, esa divina obsesión por lograr el triunfo a pesar de los obstáculos: siendo sincero, la gran mayoría de las veces pensaba en dejarlo y comenzar con otra actividad para probar suerte; familia y amigos me motivaban a dejar la agricultura urbana, pero yo nunca deje que esas voces externas me doblegaran para lograr lo que tanto amo. Fueron varios años de persistencia, de seguir adelante sin recurso, sin amigos, sin esperanza de que alguien se apiadara de mí en este proyecto… y al final logré mi meta con creses, es ahí cuando supe que Dios, Universo, Naturaleza, siempre estuvo conmigo esperando darme la sorpresa.

Mucha gente deja de persistir cuando no ve resultados, deja los proyectos a medias, cuando llegan las complicaciones tira la toalla, y busca un sin fin de pretextos para responsabilizar a otros porque no puedo, le echa la culpa el sistema, a la gente, a la familia, a los amigos, a todo aquel que se pare enfrente de él, y al final nunca fue responsable de sus actos, pensamientos, sentimientos, y vive agobiado, envejecido por la falta de valor para seguir, y si tu eres de esos es mejor que dejes este libro y mejor te dediques a seguir justificando tus fracasos, tus derrotas porque la naturaleza no quiere a los débiles, a los que siempre buscan culpables, esto es, una ley natural, siempre logra sobrevivir el que mejor se adapta a sus condiciones, y así es en todo, así es en lo que pensamos, así es en lo que sentimos; si no soportas el golpe de tus pensamientos **¡Cámbialos!** Si persistes en tus sentimientos que te golpean **¡Cámbialos!** Es cuestión de decidir, y si te quedas esperando a que te den el consejo que te permita cambiar, quiero que sepas que jamás llegará ni lo leerás en ningún libro, ni siquiera en un taller presencial te darán el remedio, porque el remedio es cuestión de decisión, el remedio se encuentra en ti, es por eso que 97% de las personas no salen de sus fracasos, porque están esperando a que alguien llegue y les diga tajantemente cual es la fórmula, y la formula siempre es diferente para todos, así como todos somos únicos en este universo.

Y así es esta ley, te devuelve todo lo que haces con creses, y el ejemplo es que si haces mal, el mal te perseguirá mucho tiempo, si eres rencoroso el rencor estará siempre ante ti, si eres desagradecido la desgracia te perseguirá, así mismo sucede para el Amor, si te amas a ti mismo, el amor te perseguirá dondequiera que estés, si confías en ti, la confianza será tu mejor aliada, si agradeces, todo el que te conozca gozará de gratitud hacia ti, y con el Dinero es diferente, ya que éste llega por añadidura a tu vida, porque los que gestan el dinero, es el **Amor, felicidad y gratitud,** no hay secreto alguno, y eso lo saben los ricos, eso lo saben las religiones, eso lo saben los sabios, eso lo saben los exitosos verdaderos, eso lo saben los deportistas de elite, y como el mundo del frustrado, enojado, infeliz y mal agradecido es siempre buscar culpables, eso tendrán en abundancia.

Ley del Exceso de Compensación.

Cuando tu principal objetivo es dar más de lo que se espera, siempre obtendrás aun más de lo que tú esperas.

Las rices etimológicas nos dicen que la Compensación actúa como una balanza donde el pensamiento junto con la acción, causa un efecto visible y material según el grado en el que se aplique, y esto se incrementa conforme más pensamiento y acción se realice.

A mayor pensamiento positivo acompañada de la acción positiva, mayor serán los resultados físicos obtenidos, esto quiere decir que si hacemos más de lo que los demás esperan, los resultados a favor serán mucho mayores de lo que hemos dado.

Entendamos esta ley desde el punto de vista de las capacidades de desarrollo que tenemos.

Cuando empecé con el estudio de las leyes universales, mi capacidad de desarrollo estaba a, solo pensar en lo difícil e imposible que pudiera adquirir tanta información, y practicarla para cambiar mi estado económico y de felicidad, estos estados estaban limitados por falta de información correcta y experiencia. Conforme mi determinación fue incrementando, la búsqueda de herramientas y de información correcta fue dando pequeños chispazos hasta llegar a un punto en el que las cosas que hacía, comenzaron a mostrarse tal y como las estaba pensando. En pocas palabras yo estaba dando esfuerzo, determinación, constancia, emoción y amor por lo que pensaba y hacía, conforme pasaron los años se concentró tanto esos pensamientos y esas acciones que terminaron por manifestarse a tal grado que no lo esperaba así… y esta ley actuó de esa manera. Yo di un exceso de amor, felicidad, alegría, empeño, determinación, etc., y ese exceso fue compensado con cosas materiales y personas con las mismas intensiones que las mías. En un par de años todo aquello que estaba pensando y realizando se manifestó con crese.

Es importante recalcar que también esta ley trabaja con las cosas negativas, si tú no estás dando nada ni estás haciendo nada, la Ley del Exceso de Compensación te dará más de **Nada**, y mientras más pese el tiempo más **Nada** tendrás.

Durante mis años de trabajador gubernamental, muchos compañeros daban muy poco de esfuerzo a su trabajo, a su familia, a su amor propio, a su felicidad, conforme pasaron los años estos jamás lograron escalonar en ninguno de esos aspectos, al contrario, algunos de ellos se quedaron sin trabajo, sin familia, sin dinero, y otros, solo perdieron su familia, algunos solo su trabajo. Con este ejemplo quiero decir que, si tu das más de lo que espera tu trabajo, tu familia, tus relaciones de amigos, más serás compensado en la vida, y a ti llegaran muchas maravillas que el universo tiene.

Hay que tener valor para dar más cada día, yo tuve el valor de dar más amor, confianza y felicidad a mi esposa y trabajo, puede observar los grandes cambios que iba sufriendo conforme pasaba el tiempo, y cuando supe de esta ley, más me esforzaba por hacer más y dar más, los resultados son sin duda incomparables a lo que di, doy y daré.

Esta ley no se trata de dar dinero, ni estar enamorado, ni siquiera de ayudar a las personas, se trata de darte más a ti mismo todo lo bueno, y hacer de ti mismo la mejor versión de tu vida a cada día; porque muchos se confunden con dar bienes o dinero, con estar enamorado y llevar flores, con dar una cooperación o una propina, con hacer una fundación en pro la humanidad o el planeta, **¡Claro que lo anterior ayuda!**, pero no tiene sentido cuando tu careces de eso que estás dando en forma material, y la ley es justa, por que justamente te va a dar solo lo que está dentro de ti, lo que has adquirido como persona, lo que te has esforzado por cambiar, la ley funciona de esa manera, y déjame decirte que todos las leyes funcionas así, solo funcionan en tu interior y jamás en el exterior, porque lo primero eres tú y lo segundo es el reflejo de lo que estás Siendo, Haciendo y Teniendo, mientras más cambies de adentro, más cambiará lo de afuera, y esos son los resultados que dicen todos los libros, y si quieres Dinero, Amor y Felicidad, todo debe estar primero dentro de ti, tienes que aprender a jugar el juego de la abundancia, y si no te decides ahora, jamás llegará, ¡Sí! leíste bien, solo se trata de decidir, pero, no es decidir lo que los pensamientos nos marcan, sino decidir vivir lo que al tiempo y el universo da cada día, cada hora, cada segundo de esta vida, y que le llamamos… Existencia.

El legado que todo emprendedor de éxito nos ha dejado, es precisamente esto que te he contado, que te he puesto sobre estas líneas, el éxito de los negocios es que sus dueños piensan y hacen lo que he redactado en este libro.

Mensaje final

No hay secreto alguno, no hay fórmula mágica, si realmente quieres el éxito ve inmediatamente con emprendedores que han crecido como la espuma y cuéntales las mentiras de este libro, y te darás cuenta que inmediatamente te dirán que no tienen tiempo de platicar de eso, pero, si llegas con la actitud, pensamiento y sentimiento de lo que aprendiste en este páginas, inmediatamente abrirán un espacio de su tiempo y te invitaran a platicar de tus proyectos, metas, ambiciones, y verás la magia del pensamiento y sentimiento positivo.

Todo se trata de vibrar al nivel del éxito, como ya te he contado, vibraciones similares se atraen sin resistencia.

Otro factor de importancia es que la **VISUALIZACIÓN** solo es una herramienta para que modeles tus pensamientos y sentimientos, es incorrecto pensar que visualizar vas a atraer eso que quieres, y ese es el motivo por el cual fallas constantemente porque crees que visualizar es igual a atraer.

Recuerda, visualizar solo acondiciona el pensamiento para entrar a la acción con todo eso que necesitas para lograrlo, pero no funciona si no estudias y aprendes de los mejores, no funciona si solo visualizas las imágenes sin hacer nada, por lo tanto tienes que aprender, aprender, aprender todo, absolutamente todo sobre la meta que tienes, sobre cada objetivo que te pongas en la vida y agregarle ese sentimiento de amor, felicidad y gratitud, **esto anterior es la clave del éxito**.

El Universo, Dios, Naturaleza como lo quieras llamar, apoya a los que se comprometen, a los que aprenden, a los que salen de su zona de confort así como a los que no lo hace, la diferencia solo es que los primeros ganan y los segundos se quedan igual.

(HealthyAngel)

www.ingramcontent.com/pod-product-compliance
Lightning Source LLC
Chambersburg PA
CBHW030639220526
45463CB00004B/1577